literatura infantil
e juvenil

MARTA PASSOS PINHEIRO
JÉSSICA M. ANDRADE TOLENTINO

(Orgs.)

literatura infantil e juvenil

campo, materialidade e produção

© Marta Passos Pinheiro . © Jéssica M. Andrade Tolentino
© Contafios . © Moinhos

Edição: Camila Araujo, Nathan Matos e Pablo Guimarães
Capa: Luís Otávio

COLEÇÃO PENSAR EDIÇÃO

Coordenação
Ana Elisa Ribeiro, Nathan Matos e Pablo Guimarães

Conselho Editorial
José de Souza Muniz Jr. (CEFET-MG)
Luciana Salazar Salgado (UFSCar)
Luis Alberto Brandão (UFMG)
Márcio Gonçalves (UERJ)
Marília Barcellos (UFSM)
Paula Renata Melo Moreira (CEFET-MG)
Sergio Karam

L776   Literatura infantil e juvenil: campo, materialidade e produção / Maíra Lacerda ... [et al.] ; organizado por Marta Passos Pinheiro e Jéssica M. Andrade Tolentino. - Belo Horizonte, MG : Moinhos; Contafios, 2019.
      180 p. : il. ; 14cm x 21cm. – (Pensar Edição; v. 2)

      ISBN: 978-65-5026-001-9 (Moinhos)
      ISBN: 978-85-906597-1-6 (Contafios)

      1. Literatura infantil e juvenil. I. Lacerda, Maíra. II. Farbiarz, Jackeline Lima. III. Corrêa, Hércules Tolêdo. IV. Pinheiro, Marta Passos. V. Souza, Renata Junqueira de. VI. Ribeiro, Guilherme Trielli. VII. Tolentino, Jéssica M. Andrade. VIII. Ribeiro, Marília Scaff Rocha. IX. Paiva, Ana Paula Mathias de. X. Moraes, Odilon. XI. Grossi, Maria Elisa de Araújo. XII. Machado, Maria Zélia Versiani. XIII. Coelho, Isabel Lopes. XIV. Ferreira, Eliane Aparecida Galvão Ribeiro. XV. Valente, Thiago Alves. XVI. Farias, Fabíola Ribeiro. XVII. Fernandes, Cleide Aparecida. XVIII. Ceccantini, João Luís C. T. XIX. Aguiar, Vera Teixeira de. XX. Pinheiro, Marta Passos. XXI. Tolentino, Jéssica M. Andrade. XXII. Título. XXIII. Série.

                                          CDD 808.899282
                                          CDU 82-93

Elaborado por Vagner Rodolfo da Silva - CRB-8/9410
Índice para catálogo sistemático:
Literatura infantil e juvenil 808.899282
Literatura infantil e juvenil 82-93

Todos os direitos desta edição reservados a

Editora Contafios   Editora Moinhos
contato@editoracontafios.com.br   contato@editoramoinhos.com.br

Sumário

Apresentação, 7
Marta Passos Pinheiro e Jéssica M. Andrade Tolentino

Panorama do campo

Apontamentos sobre livros para crianças no Brasil: criação, edição e circulação, 17
Fabíola Ribeiro Farias e Cleide Aparecida Fernandes

Literatura juvenil sob coerções, 31
João Luís C. T. Ceccantini e Vera Teixeira de Aguiar

Reflexões sobre a materialidade

Livro: um projeto de Design na Leitura, 53
Maíra Lacerda e Jackeline Lima Farbiarz

A materialidade da literatura infantil contemporânea: projeto gráfico e paratextos, 71
Hércules Tolêdo Corrêa, Marta Passos Pinheiro e Renata Junqueira de Souza

Retrato da literatura quando jovem: uma análise de *Catálogo de perdas*, 87
Guilherme Trielli Ribeiro, Jéssica M. Andrade Tolentino e Marília Scaff Rocha Ribeiro

Edição de livros infantis: interfaces e tecnologias da escrita do encantamento, 99
Ana Paula Mathias de Paiva

Aspectos da produção e recepção: autor, leitor e editor

O contraponto na criação de livros ilustrados: a dupla orientação em *Rosa* e *Olavo*, **113**
Odilon Moraes

O poder sedutor das capas nas escolhas literárias das crianças, **129**
*Maria Elisa de Araújo Grossi
e Maria Zélia Versiani Machado*

A reedição das obras de Monteiro Lobato, **143**
Isabel Lopes Coelho

O tamanho da chave: as astúcias de Monteiro Lobato e do mercado editorial, **159**
*Eliane Aparecida Galvão Ribeiro Ferreira
e Thiago Alves Valente*

Autoras e autores, **175**

Apresentação

Marta Passos Pinheiro
Jéssica M. Andrade Tolentino

Considerando as definições correntes do vocábulo *editar*, que se misturam às de *editorar*, podemos distinguir dois tipos de atividade: tornar algo público por meio de impressão ou outro mecanismo de reprodução e preparar um texto, de qualquer natureza (como programa de rádio e televisão, filme e texto escrito), para publicação.

Neste livro, as duas concepções nos interessam. Ao tratar da edição de livros impressos de literatura infantil e juvenil, esta coletânea tem como objeto de reflexão a literatura que se publica para crianças e jovens, assim como os processos e elementos que fazem do texto um livro. São esses os aspectos que, para Genette[1] (2009, p. 9), garantem a presença do livro no mundo, "sua 'recepção' e seu consumo".

Dessa forma, propomos uma discussão sobre os aspectos da materialidade das obras e sobre algumas decisões autorais e editoriais e seu impacto na produção. Para a transformação do texto em livro – não apenas como objeto, mas como bem cultural que chega ao leitor –, é importante ainda considerar os mecanismos que legitimam os livros infantis e juvenis e que garantem sua circulação e produção, como os prêmios e as políticas públicas. São essas as temáticas abordadas nos capítulos desta coletânea, que está organizada em três partes.

---

[1] GENETTE, Gérard. *Paratextos Editoriais*. Tradução de Álvaro Faleiros. Cotia: Ateliê Editorial, 2009.

Na primeira, apresenta-se um panorama do campo. Em "**Apontamentos sobre livros para crianças no Brasil: criação, edição e circulação**", Fabíola Ribeiro Farias e Cleide Aparecida Fernandes fazem uma instigante reflexão sobre o circuito dos livros para a infância, abarcando desde as instâncias de produção até os mecanismos de circulação e legitimação. Elas chamam a atenção para os diversos fatores que interferem na atividade editorial e determinam a natureza e a viabilidade de projetos, a exemplo das compras governamentais. A discussão ainda levanta importantes questionamentos acerca dos interesses dos leitores, do papel da crítica especializada e da importância das políticas públicas, não apenas para o desenvolvimento desse segmento editorial, mas sobretudo para a democratização da leitura e a formação de leitores no Brasil.

Em "**Literatura juvenil sob coerções**", João Luís Ceccantini e Vera Teixeira de Aguiar propõem uma reflexão sobre a concepção de literatura juvenil, que já nasce marcada pela instabilidade presente no próprio conceito de juventude. Os autores apresentam um importante panorama histórico sobre a produção literária para jovens, inicialmente atrelada à literatura infantil, e discutem constrições sociais a que ela está submetida em várias etapas da cadeia editorial do livro. Assim, as constrições são pensadas e debatidas não apenas em relação ao conteúdo das obras, mas também à sua criação, concepção, edição, divulgação, distribuição, comercialização e leitura pelo público-alvo e demais leitores. Como destacam os autores, as decisões editoriais sobre cada uma das instâncias envolvidas nesse processo contribuem para a definição de um determinado conceito de obra juvenil. Para a discussão proposta, em perspectiva pouco explorada no Brasil, os autores ainda trazem para o diálogo importantes pesquisadores, como a portuguesa Maria Madalena Marcos Carlos Teixeira da Silva, a espanhola Gemma Lluch, o estadunidense John B. Thompson, além da espanhola Elsa Aguiar e da francesa Sylvie

Gracia, editoras que se destacaram pelo trabalho com a literatura infantil e juvenil.

Na segunda parte, o objetivo é refletir sobre a materialidade do impresso, sobre os elementos que fazem do texto um livro. Os paratextos, nos quais podemos incluir o projeto gráfico, são priorizados nos capítulos dessa seção. Em "**Livro: um projeto de Design na Leitura**", Maíra Lacerda e Jackeline Lima Farbiarz, partindo de uma provocativa reflexão sobre o que define um livro, nos propõem sua compreensão como um problema complexo, ou um *wicked problem*, problema para o qual não é possível obter uma resposta fechada. Essa complexidade do objeto-livro é destacada pelas pesquisadoras por meio da análise de várias edições das obras *Alice no país das maravilhas* e *Alice através do espelho*, de Lewis Carroll, pseudônimo do inglês Charles Lutwidge Dodgson, escritas em 1864 e 1868, respectivamente, uma das obras literárias mais traduzidas e reeditadas de que se tem notícia. Como destacam as pesquisadoras, cada publicação dessas obras pode ser compreendida como uma resposta ao "problema" Alice, ou seja, para cada nova publicação é necessário que a obra seja novamente pensada, tendo em vista o seu novo contexto. Em novas edições, certamente, temos novas alices e também novas formas de leitura, o que nos leva a considerar a importância da materialidade da obra para a definição dessas formas de interpretação do texto. Sendo assim, para concluir a reflexão apresentada, as pesquisadoras acrescentam à concepção de design do livro a concepção de design na leitura: enquanto o primeiro se refere unicamente ao projeto do objeto-livro em si, o segundo, "em ampliação à ideia anterior, é a concepção de um projeto para a mediação do ato de ler".

Em "**A materialidade da literatura infantil contemporânea: projeto gráfico e paratextos**", Hércules Tolêdo Corrêa, Marta Passos Pinheiro e Renata Junqueira de Souza apresentam uma discussão sobre paratextos e projeto gráfico como linguagem constituinte da narrativa de livros infantis, analisando alguns elementos paratextuais de três livros ilustrados premiados, sendo dois brasileiros – *Um dia, um rio*, de Leo Cunha e André Neves, e *A quatro mãos*, de Marilda Castanha – e um português – *Mana*, de Joana Estrela. Na esteira dessa discussão, o trio dialoga com pesquisas atuais que aproximam o livro infantil do livro de artista de edição e que exploram a proposta intermídia encontrada em muitos deles. O trabalho contribui com reflexões importantes sobre os elementos constituintes do livro impresso e sobre o público leitor dos livros infantis contemporâneos.

Em "**Retrato da literatura quando jovem: uma análise de *Catálogo de perdas***", Guilherme Trielli Ribeiro, Jéssica M. Andrade Tolentino e Marília Scaff Rocha Ribeiro chamam a atenção para a importância que o projeto gráfico vem assumindo nos livros juvenis contemporâneos. Buscando compreender possíveis relações entre os elementos visuais e a caracterização da obra como juvenil, o trio analisa *Catálogo de perdas*, de João Anzanello Carrascoza e Juliana Monteiro Carrascoza (SESI-SP Editora), obra premiada, em 2018, pela Fundação Nacional do Livro Infantil e Juvenil (FNLIJ) nas categorias "Jovem" e "Melhor Projeto Editorial". Nessa análise, original e inspiradora, o leitor é levado a refletir sobre a concepção de *jovem* e de *literatura juvenil* em nossa sociedade.

Em "**Edição de livros infantis: interfaces e tecnologias da escrita do encantamento**", Ana Paula Mathias de Paiva aborda a convergência de linguagens na construção de livros para crianças. A pesquisadora destaca a presença da multimodalidade, marca da produção editorial contemporânea, que transforma a experiência leitora em um convite à experimentação e à interação. Além de oferecer um panorama das tendências editoriais no ramo infantil, a pesquisadora detém-se nos chamados livros-brinquedo, ressaltando suas características e potencialidades. Por sua vocação experimental, os livros-brinquedo "convidam ao manuseio, à autonomia, à escolha do leitor, a jogos imaginativos, à coordenação e a passeios sensoriais-visuais". Diante dessa perspectiva, o texto convoca os produtores de livros – autores e editores – a ouvirem os anseios de crianças e jovens por obras que promovam a "escrita da imaginação" por meio da convergência de múltiplas linguagens.

Na terceira e última parte, os textos priorizam uma discussão sobre alguns aspectos da produção e recepção de obras infantis e juvenis. Em "**O contraponto na criação de livros ilustrados: a dupla orientação em** *Rosa* **e** *Olavo*", o escritor e ilustrador Odilon Moraes apresenta uma reflexão sobre a linguagem do livro ilustrado, presenteando seus leitores com os bastidores de sua criação: algumas etapas de construção da linguagem no premiado livro *Rosa* (2017) e em *Olavo* (2018). O texto destaca-se por abordar o ponto de vista do próprio autor sobre sua obra e por trazer, para a discussão sobre livro ilustrado, a concepção do "escrever com imagens", que não segue um único parâmetro. A escrita do livro ilustrado é representada por Odilon pela imagem poética de um arquipélago, de imagens e palavras.

Em "**O poder sedutor das capas nas escolhas literárias das crianças**", Maria Elisa de Araújo Grossi e Maria Zélia Versiani Machado nos trazem a voz das crianças, a partir de alguns episódios de uma pesquisa recente sobre os critérios de escolha de obras literárias realizada por crianças do 1º ciclo do ensino Fundamental. Como recorte, optou-se pelos livros a elas endereçadas publicados no ano de 2015, considerados Altamente Recomendáveis pela Fundação Nacional do Livro Infantil e Juvenil (FNLIJ). Esse trabalho nos mostra que as crianças fazem escolhas, sim, e, em suas escolhas, destacou-se um importante elemento do projeto gráfico dos livros: a capa. Como elemento paratextual, a capa vem despertando o interesse desse público e contribuindo para o levantamento das primeiras hipóteses de leitura sobre a obra. A utilização de cores variadas e a presença de imagens próximas ao universo infantil foram os aspectos mais observados nas escolhas relatadas pelas crianças. Esse trabalho traz ainda uma importante contribuição para as pesquisas sobre recepção de obras pelo público infantil ao apresentar a metodologia de pesquisa utilizada: círculos de leitura com as obras literárias e entrevistas individuais, a partir do enfoque Dime, que considera a capacidade crítica das crianças de emitirem "impressões e análises sobre os livros literários a que têm acesso".

Em "**A reedição das obras de Monteiro Lobato**", Isabel Lopes Coelho apresenta ao leitor os bastidores do processo editorial de publicação do célebre escritor brasileiro, cujos direitos autorais foram liberados em 2019. Responsável pela coordenação desse processo na editora FTD, Coelho elenca algumas estratégias fundamentais para a condução do projeto editorial em questão. A organização das obras em coleções, a modernização dos aspectos gráficos e das ilustrações, bem como a criação de uma série de aparatos, como textos de apresentação, conteúdos de apoio e glossários, são algumas das estratégias descritas. Tais decisões foram norteadas pelo desejo de atenuar o descompasso que possa existir entre o prestígio literário de Lobato e sua menor popularidade entre os leitores contemporâneos.

Em "**O tamanho da chave: as astúcias de Monteiro Lobato e do mercado editorial**", Eliane Aparecida Galvão e Thiago Alves Valente analisam alguns paratextos da última edição da obra *A chave do tamanho*, de Monteiro Lobato, publicada pelo selo editorial Globinho em 2016. Os pesquisadores apresentam uma reflexão sobre a forma como esses paratextos – como *apresentação da obra*, *minibiografia do autor* e informações presentes na quarta capa do livro – buscam atualizar a obra para os leitores contemporâneos, a partir de determinadas chaves de leitura. Esses paratextos, que estão sob a responsabilidade do editor, ao mesmo tempo que preservam uma determinada memória sobre o autor, sua história e recepção crítica, apresentam protocolos de leitura que interferem na interpretação do texto literário. Diante disso, nesse capítulo, chama-se a atenção para a importância da análise das diversas edições de Monteiro Lobato disponibilizadas no mercado e para o aprofundamento de estudos sobre as "inúmeras estratégias lobatianas que, no âmbito da narrativa, voltam-se à formação do raciocínio crítico e autônomo de seu leitor, enfim, que colocam a 'chave' em seu bolso".

A palavra "chave", presente na história de Monteiro Lobato, possui um rico campo metafórico. Ao mesmo tempo que é associada à ideia de abertura (abrir portas, abrir o coração de alguém, entrar no Céu), ela pode ser concebida como único meio para se ter acesso a algo. Essa concepção é questionada no famoso verso "Trouxeste a chave?", do poema "Procura da poesia", de Carlos Drummond de Andrade. Em se tratando da leitura de textos literários, não se pode pensar em um único caminho de interpretação. Neste livro, para a compreensão da literatura infantil e juvenil, apresentamos algumas chaves de leitura presentes nos elementos que compõem a cadeia editorial do livro. Convidamos todos para conhecê-las e desejamos que, ao final, estejam, tal qual o leitor a que aspirava Monteiro Lobato, com "a chave em seu bolso". Boa leitura!

Panorama do campo

Apontamentos sobre livros para crianças no Brasil: criação, edição e circulação

Fabíola Ribeiro Farias
Cleide Aparecida Fernandes

A criação, a edição e a circulação de livros para crianças no Brasil: notas de contexto

Ouvimos, mais de uma vez, em suas muitas palestras para professoras e bibliotecárias por todo o Brasil, o escritor Bartolomeu Campos de Queirós dizer que é "extremamente triste estar sozinho quando se encontra a beleza". Para o autor, a partilha de algo que experimentamos em estado de admiração ou espanto, próprio das criações artísticas, intensifica a nossa própria experiência. Quando lemos um livro de que gostamos, desejamos mostrá-lo a outras pessoas, especialmente àquelas que nos importam de modo mais próximo. Falamos, contamos a história, fazemos apreciações, somos levadas a associações e esperamos que outros experimentem o mesmo. É próprio dos leitores esse desejo de partilha.

O editor pode ser compreendido como um leitor que deseja dividir histórias. A intimidade de suas leituras e preferências se torna pública e, por isso, política. Mais que a cumplicidade que nós, leitores comuns, buscamos em quem nos cerca, o editor propõe a pessoas desconhecidas, unidas apenas pela condição de leitores, sua partilha. Vai além disso: inscreve suas escolhas em uma ordem pública, na medida em que viabiliza e assina a circulação de narrativas, autorias, ideias, sistemas de pensamento e experimentações estéticas.

Como qualquer atividade econômica, a edição de livros e a profissão de editor estão inseridas nas relações capitalistas de produção e, portanto, sujeitas a distintos fatores que determinam e mobilizam a relação entre uma proposta editorial e sua viabilidade, sendo o aspecto econômico um dos principais. Principal não quer dizer mais importante, em uma escala valorativa, mas não podemos desconsiderar o poder dos cálculos mercantis na viabilização ou interdição de projetos.

A relação com o poder econômico, que muitas vezes diz dos horizontes de uma casa editorial, reverbera diretamente em sua produção. As generalizações costumam ser imprudentes: não podemos afirmar que grandes grupos tenham como bússola as demandas do mercado, mas é válido refletir sobre os assentos nas mesas de decisões editoriais; quando o editor se torna responsável por toda a trajetória do livro, desde a decisão de publicar um texto até as estratégias comerciais para sua divulgação e comercialização, e suas escolhas são submetidas ao diretor de *marketing* da empresa, constatamos a relevância que a gestão empresarial vem ganhando, há mais de década, no setor, como afirma Daniel Goldin:

> Hoje, a maior parte das vendas é realizada fora do circuito das livrarias; quase todos os conhecimentos tradicionais perderam validade ou são ressignificados a partir de novos saberes. Hoje, uma parte do saber decisivo e do poder decisório não provém do âmbito da profissão. Há alguns anos, à frente dos grandes grupos, havia um editor; hoje é frequente encontrarmos um administrador. Na velha polêmica entre os números e as letras, nós, editores, nos sentíamos naturalmente inclinados para as letras. Hoje convivem, no setor editorial, publicitários, técnicos em computação, revisores, financistas e vendedores e os números são a única *língua franca* no interior da empresa. A gestão é medida pela lógica fria, contundente e concisa de um balanço de resultados. (GOLDIN, 2012, p. 116)

O que o autor considera a "única *língua franca* no interior da empresa" pode ser considerada, de alguma maneira, a limitação para a realização de projetos experimentais, inventivos e arrojados que não encontram ressonância no mercado, mas que são importantes para o fortalecimento da cultura livresca e para a criação artística no país. Obviamente, há argumentos que validam o raciocínio econômico, entendendo que as editoras são empresas e que não podem arcar com investimentos dessa natureza. No entanto, a publicação de livros sem grande apelo comercial traz outra espécie de ganhos imediatos e a longo prazo para a editora, estando o prestígio de seu catálogo no primeiro caso e a construção de duração e permanência de seus títulos no segundo. Vale lembrar que catálogos de prestígio, com autores, ilustradores e obras com reconhecimento da crítica, incluindo a participação em prêmios, geram ganhos financeiros para a empresa.

Sem a organização gerencial dos grandes grupos, muito em função de suas limitações financeiras, as pequenas editoras costumam se dedicar a publicações mais segmentadas, destinadas a públicos específicos. Embora sua sobrevivência financeira, mais que o aumento do lucro, também seja uma constante preocupação, de maneira geral suas escolhas são marcadas pela viabilização de projetos editoriais com recortes estéticos ou abordagens teóricas específicas.

O segmento de livros para crianças e jovens, comumente chamados infantojuvenis[1], integra a mesma lógica, mas apresenta suas especificidades. A primeira e mais determinante delas são as compras governamentais, que alimentam programas de manutenção de bibliotecas escolares e públicas e distribuição de livros de literatura para estudantes em projetos especiais de formação de leitores literários. Os livros didáticos são um universo à parte, que movimenta o mercado editorial internacional e muito dinheiro.

---

[1] Optamos por nos referir à produção em questão como livros para crianças e adolescentes, uma vez que o termo infantojuvenil acaba por caracterizar o livro, e não o público a quem se destina.

Por sua abrangência e volume de recursos financeiros envolvidos, as compras governamentais acabam por orientar, em grande medida, a produção editorial para crianças no Brasil. Com alguma segurança, podemos dizer que os editores de livros para esse público investem grande parte de seus esforços na publicação de livros que atendam às demandas dos editais que regulam as compras governamentais, em vários aspectos: temas, gêneros textuais, formatos, autorias, materiais... Para dispor de mais chances de ter títulos selecionados, as editoras se valem de muitos artifícios, sendo um deles, no caso de grandes grupos, a criação de distintos selos, com diferentes razões sociais, uma vez que os editais costumam estabelecer o número de livros que podem ser inscritos por editora. Nesse contexto, é comum que livros sejam produzidos exclusivamente para a inscrição em editais de compras públicas. As tecnologias de produção permitem a impressão de poucos exemplares para essas ocasiões, sendo que o livro só será efetivamente impresso se adquirido por uma instituição pública.

Esse *modus operandi* interfere em toda a cadeia, criando um movimento próprio para a criação, a publicação e a circulação de livros para crianças no país. Além dos títulos e selos que acabam por não circular nas livrarias e na escassa produção crítica acerca de livros para este segmento, esse comportamento tem consequências nos catálogos editoriais, que ficam conceitualmente frágeis, sem concepção visível de sua proposta. Livros surgem e desaparecem sem que sequer sejam apresentados em livrarias e bibliotecas. Dito de outra maneira, muitos catálogos não traduzem escolhas editoriais de qualquer ordem, mas sim um conjunto de títulos esparsos que não constitui um catálogo. Em proporções diferentes, isso acontece em grandes e pequenas casas editoriais.

Livros, crianças, infâncias e leituras

A reflexão sobre livros para crianças pressupõe entendimentos, nem sempre explícitos, de distintas infâncias, contemplando vários aspectos, desde como os pequenos leem até os temas considerados mais adequados para uma criança, de maneira geral idealizada, passando por presumíveis interesses específicos de cada idade, estímulo do mercado, expectativas dos pais e demandas escolares.

Diante da impossibilidade de definição da criança e do infantil, em função dos distintos e fluidos contornos disciplinares de que dispomos para tal, uma vez que são, ao mesmo tempo, sujeitos biológicos, sociais, históricos, econômicos e culturais, o entendimento do que seriam, especificamente, livros para crianças, navega em incertezas. Naturalmente, a observação da produção editorial para este público bem como a experiência que pode ser relatada a partir da recepção apontam alguns denominadores comuns.

Podemos dizer, com segurança, que os livros infantis costumam ter formatos maiores que os tradicionais, que contam com ilustrações e que, de maneira geral, não apresentam volume grande de texto. Também podemos fazer o mesmo exercício a partir dos conteúdos narrativos, tentando listar temas que são, aparentemente, infantis ou que se apresentam de modo mais recorrente nessa produção. Mas, ainda assim, teríamos uma definição frágil, que diria pouco do nosso objeto.

Talvez um bom percurso seja pensar os livros para crianças no âmbito do que nós, adultos, entendemos como infantil, a partir de demandas morais, pedagógicas ou formativas. Responder à pergunta "por que oferecemos livros para as crianças?" pode ajudar nessa reflexão. Embora múltiplas, as respostas costumam enlaçar compreensões comuns.

No discurso adulto as crianças estão sempre associadas a fantasias e brincadeiras, o que faz com que a primeira e mais recorrente resposta tenha a ver com o estímulo à imaginação. Não raro, essa perspectiva também se sustenta na ideia de diversão e de entretenimento. Em resumo, nessa perspectiva, oferecemos livros para as crianças para que elas fantasiem e se divirtam.

Outro entendimento comum está vinculado à aprendizagem de valores morais, à internalização, pela escuta e leitura de histórias, do certo e do errado. Essa abordagem é ampla e abarca considerável quantidade de expectativas, nem sempre explícitas, em relação aos livros para crianças. Apesar de, atualmente, rejeitada no discurso pedagógico, dentro e fora do ambiente escolar, a intenção de ensinar continua presente na produção editorial para crianças. Embora existam, talvez já não sejam tão recorrentes os títulos de literatura que se dedicam explicitamente à educação ambiental, ao ensino de boas maneiras, de hábitos alimentares e de noções de higiene, mas é grande a oferta de livros pretensamente literários que discutem amizade, solidariedade, diferenças, compreensão, obediência, tolerância, dentre muitos outros temas, como intenção central da obra.

Há também quem defenda que os livros ajudam as crianças na aprendizagem da língua, especificamente da escrita. É comum ouvirmos que a leitura faz com que as pessoas aprendam a escrever melhor.

Isoladamente, todas essas justificativas parecem frágeis, mas, vistas em conjunto, podem ser verdadeiras. A leitura na infância, especialmente de textos literários, permite que as crianças compreendam a língua como instrumento de fantasia; não aquela que se restringe a dar voz a animais ou fazer com que humanos voem e transitem livremente entre o passado e o futuro, mas a que cria condições para a imaginação do outro, daquilo que nos parece estranho. Um conto, um poema muito curto ou uma narrativa por imagens podem convidar uma criança a se colocar em outro tempo, em outro espaço, a experimentar condições de existência, medos, angústias, desejos e esperanças alheios. Apesar de não existir para ensinar, aprendemos com a literatura, uma vez que percebemos jeitos de estar no mundo, relações de poder e a potência das palavras para comunicar, ordenar, desorganizar e reinventar a vida tal como a conhecemos. E, claro, a leitura e o contato com os livros, objetos de cultura, desde a primeira infância, nos ajudam a compreender e a participar da cultura escrita. Assim, mais que facilitar nossa aprendizagem das letras, entendemos o que significa ler e escrever, mesmo que sem condições para elaborar tal percepção.

Obviamente, podemos dizer que as respostas oferecidas para a pergunta "por que oferecemos livros para as crianças?" serviriam também para explicar o que os livros, especialmente os de literatura, oferecem para os adultos. Sim, é verdade. Em uma perspectiva formativa, os livros nos ajudam, a todas as pessoas, a compreender quem somos, o espaço, o tempo e as relações que vivemos. Desde a primeira infância, somos convocados a ordenar e a significar o mundo, a nos perceber em nossa historicidade. Essa é a oferta dos livros para todos nós, incluindo as crianças.

Assim, podemos afirmar que nenhum dos elementos que compõem o que conhecemos como livros para crianças é especificamente infantil. Em conjunto, formam o produto livro que destinamos à infância. Porque sujeitos históricos, às crianças podem interessar os mais diversos temas que as ajudem a significar o mundo. Ressalvadas as limitações próprias de cada idade nos mais diversos contextos socioculturais, especialmente em relação à aprendizagem da leitura e ao repertório simbólico de cada criança, na grande maioria das vezes ligadas à forma e às experimentações com a linguagem, não há justificativa consistente para a definição prévia ou a exclusão de uma gama de temas nos livros para as crianças, a título de "infantil".

Nessa discussão, um elemento se apresenta com especial interesse: as ilustrações. De maneira geral, as ilustrações não estão presentes em livros para adultos, a não ser em imagens de capa e vinhetas na abertura de capítulos. É raro que romances, livros de poemas ou de contos apresentem ilustrações como elemento de suas narrativas ou construções poéticas. Quando aparecem em livros para adultos, as imagens quase sempre se apresentam como ornamento, sem vínculo com o texto, de tal maneira que, se excluídas, a ausência não é percebida como lacuna, uma vez que não interferem na história que se conta e que se lê. A exceção fica a cargo das *graphic novels*, que se constroem na escrita híbrida de texto e imagens, e dos livros chamados "de arte", com reprodução de pinturas e fotografias.

Já nos livros para crianças, as ilustrações são, junto com o texto escrito, a principal forma narrativa, o que quer dizer que as histórias são contadas com letras e desenhos. Cada vez mais, as ilustrações se propõem como narrativa, seja complementando o texto, ampliando suas possibilidades ou multiplicando as vozes dentro da mesma história. Em muitos livros, as imagens contam por si só, prescindindo do texto verbal.

Mas seriam as ilustrações um elemento narrativo especificamente infantil? Os grandes formatos só interessam às crianças? Há temas naturalmente infantis? E, o mais importante: as crianças querem o que nós, adultos, consideramos infantil?

É preciso considerar que as infâncias são muitas e que a criança idealizada, quando pensamos em livros infantis, estará sempre em falta em relação aos sujeitos concretos, com suas determinações objetivas e subjetivas.

O que os especialistas consideram bom, do que as crianças gostam, as políticas públicas e o mercado editorial: desafios e compromissos

A crítica à produção editorial para crianças é escassa no Brasil. Quando existem, as resenhas se dedicam a apresentar sinopses de enredos ou a exaltar autorias, especialmente quando escritor e ilustrador já são conhecidos do grande público, seja pela exposição na imprensa ou pelas leituras escolares. Instrumentos importantes de divulgação de livros, autores, ilustradores e até mesmo de editores – estes últimos considerados, neste contexto, como parte da autoria – têm sido as listas e os prêmios literários, que, ano a ano, apresentam suas escolhas.

A Fundação Nacional do Livro Infantil e Juvenil – FNLIJ realiza anualmente, desde 1975, o prêmio "O melhor para criança", que atualmente conta com dezoito categorias[2]. A participação é facultada a qualquer editora brasileira, que tem como obrigação enviar os títulos publicados no ano de referência à FNLIJ e aos leitores-votantes, atualmente em número de vinte e dois, distribuídos por dez estados[3] e Distrito Federal. Além da premiação principal, a FNLIJ elabora uma lista com os livros que considera, a partir da seleção dos leitores-votantes, "Altamente recomendáveis". Também é responsável pela seleção dos títulos que compõem, anualmente, o Catálogo de Bolonha, criado e produzido para a divulgação da produção editorial brasileira no principal evento internacional dedicado a livros para crianças e jovens, o Bologna Children's Book Fair, realizado todos os anos na Itália.

A Revista Crescer, vinculada à editora Globo, tem como temática a maternidade, a gestação e o desenvolvimento das crianças, com matérias sobre saúde, alimentação, brincadeiras. Desde 2006, em formato que se modificou ao longo do tempo, a Crescer elabora sua seleção anual de livros para crianças; atualmente, publica a lista "30 Melhores Livros Infantis do Ano", com títulos selecionados por profissionais da área, como escritores, ilustradores, professores, bibliotecários e pesquisadores[4]. Não há, como no processo da FNLIJ, o envio dos livros pelos editores aos profissionais que participam da seleção, que é feita a partir

---

[2] Criança, Jovem, Imagem, Informativo, Poesia, Livro Brinquedo, Teatro, Teórico, Reconto, Literatura em Língua Portuguesa, Tradução/Adaptação Criança, Tradução/Adaptação Jovem, Tradução/Adaptação Informativo, Tradução/Adaptação Reconto, Revelação Escritor, Revelação Ilustrador, Melhor Ilustração e Projeto Editorial.

[3] Goiás, Maranhão, Minas Gerais, Pará, Paraná, Paraíba, Rio de Janeiro, Rio Grande do Sul, Santa Catarina e São Paulo, além de Brasília – DF.

[4] Na edição 2018, trinta e cinco profissionais, de vários lugares do país, participaram da seleção.

do conhecimento de cada um sobre os lançamentos destinados a crianças de zero a oito anos no período de referência.

A revista eletrônica Emília[5], que se dedica à reflexão sobre livros, leitura, infância, juventude e formação, organizou, no período de 2013 a 2017, o "Destaques Emília / Olhar Leitor", com a seleção de livros do ano, escolhidos por profissionais (professores, editores, escritores, ilustradores, pesquisadores) e também por grupos de crianças, a partir de livros enviados por editoras e da observação da produção editorial brasileira pelo grupo participante. Para além da divulgação da lista dos livros escolhidos, a Revista Emília investiu na explicitação de sua metodologia de trabalho e na apresentação do processo de construção de critérios de seleção, com publicações eletrônicas sobre todas as etapas do trabalho[6].

A Cátedra Unesco de Leitura Puc-Rio promove, desde 2016, a divulgação de listas de livros para crianças e jovens com títulos que considera de qualidade e excelência, produzidos no Brasil no período de referência, com os selos Seleção Cátedra 10 e Distinção Cátedra 10. A seleção é feita pelos membros do Grupo de Estudos em Literatura Infanto Juvenil – GELIJ, vinculado ao Departamento de Letras da Pontifícia Universidade Católica do Rio de Janeiro.

As listas com livros e autores premiados recebem grande atenção da imprensa e de veículos especializados, como blogues e revistas na internet. Compartilhadas e comentadas nas redes sociais por escritores, ilustradores, editores, professores, bibliotecários, pesquisadores e pessoas interessadas no tema, divulgam títulos e apreciações sobre os mesmos. E colocam à prova os premiados junto ao seu público-alvo, gerando discussões sobre convergências e descompassos entre o que especialistas consideram de qualidade, a oferta nos principais espaços de leitura e o interesse das crianças.

---

[5] Disponível em: <www.revistaemilia.com.br>.
[6] Disponível em: <http://revistaemilia.com.br/categorias/destaques-e-olhar-leitor/>.

Para contextualizar a discussão proposta, é necessária breve reflexão sobre a formação do gosto, que nos permite, e às crianças, apreciar de maneiras distintas um livro, assim como outros bens culturais. De acordo com Pierre Bourdieu, o gosto está, em grande medida, determinado pelas condições materiais de existência dos sujeitos. Estaremos sempre mais disponíveis para algo que conhecemos, que nos é familiar, com que fomos acostumados. Assim, se as crianças conhecem e estão acostumadas a personagens de desenhos animados, é provável que se interessem por histórias que os tenham como personagens. O mesmo podemos dizer em relação à forma e ao tema: é mais fácil e confortável seguir uma narrativa que se assemelha, formalmente, ao que conhecemos, e que trata de assuntos do nosso cotidiano. Por isso, é tão comum que os livros para crianças apresentem narrativas com elementos do universo dos pequenos, criando uma relação de identidade com sua rotina, anseios, medos e desejos.

Naturalmente, as crianças se sentem acolhidas por narrativas que dialoguem diretamente com sua vida. É confortante saber que outros são como nós, que partilhamos algo comum. Para os adultos – pais, mães, professoras – também é cômoda a leitura segura e sem imprevistos, que certamente agrada às crianças.

Porém, se pensamos nos livros de literatura como leituras formativas, essas que nos ajudam, desde a primeira infância, a compreender, por meio da cultura escrita, o tempo, o espaço e as relações que vivemos, as leituras de identidade são pouco potentes, pois, se, por um lado, criam sentimentos de empatia, por outro, encerram os leitores em seu universo imediato. Dito de outra maneira: oferecemos às crianças aquilo que compreendemos como infantil.

Os bons livros podem mais que isso. É difícil e complexo definir, objetivamente, o que seriam bons livros e um exato exemplo são as tentativas de elaboração, sempre limitadas e limitadoras, dos critérios estabelecidos por editais para a aquisição de acervos bibliográficos. Por ora, no âmbito da discussão aqui proposta, podemos nos contentar com o entendimento de que livros bons são aqueles que nos convocam, nos obrigam a pensar para além da vida imediata, seja em suas narrativas, em suas experimentações estéticas ou na proposição de temas – e isso se aplica a leitores de todas as idades.

Não restam dúvidas de que a produção brasileira de livros para crianças cresceu muito nas últimas duas décadas, tanto na quantidade e na diversidade de títulos publicados quanto no desenvolvimento do mercado editorial, ampliando as possibilidades de criação e viabilizando materialmente a inventividade de escritores e ilustradores. Mas se a oferta livresca foi consideravelmente qualificada e programas públicos de aquisição de livros abasteceram significativamente as bibliotecas escolares e públicas do país, embora os acervos ainda estejam longe do considerado ideal em termos de quantidade e diversidade e em algumas regiões os livros ainda sejam escassos, podemos dizer que temos políticas eficientes de democratização do acesso à leitura e de formação de leitores no Brasil?

Infelizmente, não. O mercado editorial cresceu, quantitativa e qualitativamente, mas o mesmo investimento não foi feito na formação de professores, bibliotecários e demais mediadores de leitura. Com capital cultural frágil, formação superficial e aligeirada, salários precários e longas jornadas de trabalho, esses profissionais, em sua maioria, não dispõem das condições para ler e para se formar leitores: falta-lhes tempo, essencialmente. Não apenas o tempo em minutos ou horas para ler, mas o tempo para pensar, para existir fora da produção necessária à sua sobrevivência. Podemos ir mais longe e voltar ao óbvio: as desigualdades sociais que oprimem a população brasileira permitem uma educação democrática e inclusiva, em que os livros, especialmente os de literatura, sejam, efetivamente, para todos?

Sabemos as respostas e vislumbramos tristemente nossos horizontes. Alguns podem entender que a falência de nossa política educacional e as desigualdades sociais extrapolam os limites de reflexão sobre a produção e a circulação de livros para crianças. Nós pensamos que não. Em um cenário de desamparo, precisamos considerar os livros que escrevemos, ilustramos, editamos e fazemos circular na relação com os sujeitos concretos a quem são destinados. Num país como o Brasil, onde a grande maioria das crianças tem seu primeiro e, muitas vezes, exclusivo, contato com materiais de leitura no ambiente escolar, é necessário pensar nas condições de leitura de professores, bibliotecários (quando existentes na escola) e estudantes.

Precisamos publicar bons livros e fazer com que eles cheguem aos leitores. Também é importante que se fortaleça o discurso sobre os livros para crianças e suas autorias, seus processos de criação e produção, o que a crítica, embora escassa, as listas e prêmios literários fazem com algum êxito. No que toca ao editor, reafirmamos a proposição de Emilia Ferreiro:

> O livro se completa quando encontra um leitor intérprete (e se transforma em patrimônio cultural quando encontra uma comunidade de leitores intérpretes). Por isso a tarefa de um editor é tão singular: deve não só produzir um objeto tão cuidado e bem-acabado quanto possível, como também tem de ter consciência de que esse objeto, por mais cuidado e bem-acabado que seja, será sempre incompleto se não encontrar "o outro", "os outros" que lhe darão completude. Esse "outro", (esses "outros") têm de ser leitores. (FERREIRO, 2009, p. 22-23)

Juntos, escritores, ilustradores, editores, professores, bibliotecários, mediadores de leitura, pesquisadores e livreiros, comprometidos com a formulação, a execução e o controle social de políticas públicas consistentes, cada um a partir de seu campo de atuação, temos que criar condições para que os livros sejam efetivamente lidos e que as leituras, assim como a escrita, estejam no centro do ensino e da aprendizagem. Seja por busca de completude, como postula Emilia Ferreiro, seja por sobrevivência econômica (os leitores garantem a permanência e a perenidade de bons catálogos). Sem a ingenuidade do discurso salvacionista da Educação e da leitura, precisamos encontrar brechas e abrir caminhos nas contradições do capitalismo para seguir escrevendo, ilustrando, editando, oferecendo e lendo com e para as crianças livros que nos lancem ao desconhecido e ao inimaginado, para que possamos voltar ao cotidiano com mais repertório para compreender, indagar e intervir no mundo.

Referências

FERREIRO, Emilia. *Passado e presente dos verbos ler e escrever*. São Paulo: Cortez, 2009.
GOLDIN, Daniel. *Os dias e os livros*. São Paulo: Pulo do Gato, 2012.
GOSTO. In: CATANI, Afrânio Mendes *et al.* (Orgs.). *Vocabulário Bourdieu*. Belo Horizonte: Autêntica Editora, 2017.

Literatura juvenil sob coerções

João Luís Ceccantini
Vera Teixeira de Aguiar

Nas últimas décadas, cresce a visibilidade dos livros literários como produtos culturais competitivos no mercado destinado aos jovens, na esteira de um conceito de juventude que se consolida no Ocidente sobretudo após a Segunda Guerra Mundial. O fenômeno desencadeia a efervescência do sistema, que multiplica sua área de abrangência, para atender às necessidades daquela faixa etária até então desconsiderada, devido a sua transitoriedade, à indefinição de uma especificidade e à ausência de plena voz no seio da família, da escola e do trabalho. Por outro lado, o conceito de *juventude* ainda é mais instável do que possa parecer à primeira vista[1], o que acaba por vincular, por sua vez, certa indefinição à noção de *literatura juvenil*, aspecto que não convém perder de vista. A pesquisadora portuguesa Maria Madalena Marcos Carlos Teixeira da Silva situa bem o problema em artigo que busca uma síntese sobre o tema:

> Associada a uma fase que a sociedade actual entende como muito específica, caracterizada por problemas bastante concretos de crescimento, a literatura juvenil envolve uma constelação de referências marcada pela transição e pela marginalidade, que, em muitos e significativos aspectos, se destaca da literatura infantil.

[1] Obras como *Juventude*, de Luís Antonio Groppo (Rio de Janeiro: DIFEL, 2000), ou *A criação da juventude*: como o conceito de *teenager* revolucionou o século XX, de John Savage (trad. Thalita M. Rodrigues. Rio de Janeiro: Rocco, 2009), são muito esclarecedoras a esse respeito.

As duas categorias, separadamente ou em conjunto, têm sido alvo de abundante polémica no que concerne a sua definição. A intenção do autor (usualmente baseada numa idealização da infância), o julgamento dos mediadores (que envolve interesses educativos, também idealistas, ou, por outro lado, interesses comerciais), e o estudo dos interesses de leitores reais (considerados demasiadamente imaturos para formarem juízos de valor sobre o conteúdo e a forma da obra) ou ainda a insustentabilidade de um conceito homogéneo (universalista) de infância ou adolescência, oposto à idade adulta e a ela subordinado, são factores de ordem comunicativa em torno dos quais se tem dado essa controvérsia. (SILVA, 2012, p. 14-15)

À medida que tal produção juvenil se avoluma, a atenção dos pesquisadores da área volta-se para o tripé autor-obra-público na base do sistema literário, como ensina Antonio Candido (1976), tanto para examinar as condições dos criadores, quanto para avaliar as características das obras e a qualidade da leitura, em termos de preferências, modalidades e trânsito escolar. Atualmente, podemos elencar um grande número de pesquisas sobre cada um desses aspectos – no caso brasileiro, trata-se particularmente de dissertações de mestrado e teses de doutorado –, o que resulta em amplo painel de consulta para todos os estudiosos interessados no que se poderia denominar *o subsistema literatura juvenil brasileira*[2]. Um foco, no entanto, parece continuar a descoberto e

---

[2] Alguns desses trabalhos que procuram discutir a produção juvenil brasileira contemporânea:
CRUVINEL, Larissa W. F. *Narrativas juvenis brasileiras*: em busca da especificidade do gênero. 2009. 188 f. Tese (Doutorado em Literatura) – Faculdade de Letras, Universidade Estadual de Goiás, Goiânia, 2009.
ESTEVES, Nathalia C. *Heróis em trânsito*: narrativa juvenil brasileira contemporânea e construção de identidades. 2011. 146 f. Dissertação (Mestrado em Letras) – Universidade Estadual de Maringá, Maringá, 2011.

nele nos detemos: as constrições sociais a que são submetidos os projetos das editoras, do conteúdo das obras, passando por sua concepção, criação, edição, divulgação, distribuição, comercialização e leitura pelo público-alvo e outros leitores. Ou seja, o que nos propomos aqui é comentar as condições humanas, econômicas e mercadológicas que induzem a produção de livros juvenis, em especial os brasileiros, de modo a atender a uma demanda particular. Para isso, importa a concepção de leitor, derivada diretamente do tipo de jovens leitores que cada época prioriza.

No Brasil, a impressão de livros e outros materiais escritos é, de certo modo, recente, devendo-se à proibição de Portugal durante o período colonial, o que faz com que, durante um longo período, eles permaneçam manuscritos ou sejam publicados na metrópole. Submetem-se, assim, à censura prévia e chegam aos leitores brasileiros com muito atraso. Em 1808, quando a família real, devido à invasão napoleônica, transferiu-se para o Brasil, juntamente com a corte portuguesa e inúmeros agregados, trouxe consigo 60 mil volumes da Biblioteca Real. Instalados na nova capital, Rio de Janeiro, Dom João VI e seus ministros criaram, entre os demais empreendimentos, a Biblioteca Real, atual Biblioteca Nacional, em 1810.

O impacto das mudanças na época provoca um aumento, ainda que lento e gradativo, do número de livrarias e de circulação de livros. Paralelamente, surge a Imprensa Régia, que dá início ao movimento editorial brasileiro, o qual se estende pelas Províncias. Na segunda metade do século, o processo consolida-se, mantendo-se o Rio de Janeiro na liderança. Ali avultam

SOUZA, Raquel C. de S. e. *A ficção juvenil brasileira em busca de identidade*: a formação do campo e do leitor. 2015. Tese. 459 f. (Doutorado em Letras Vernáculas). Universidade Federal do Rio de Janeiro, Rio de Janeiro, 2015.
STOPA, Rafaela. *Os romances juvenis de Jorge Miguel Marinho*: leitura do mundo, leitura da literatura. 2018. Tese. 250f. (Doutorado em Letras) – Faculdade de Ciências e Letras de Assis, Universidade Estadual Paulista "Júlio de Mesquita Filho", Assis, 2018.

as agências que fazem o sistema avançar – editoras, tipografias, livrarias – e que geram uma economia que atinge vários segmentos sociais. Não por acaso, a escola passa a exercer o papel de formadora das novas gerações de leitores. No período, surgem as primeiras investidas de produção nacional, que coexistem com as estrangeiras e são distribuídas já com certa regularidade para o público. Em 1882, aparecem, por exemplo, os *Contos seletos das mil e uma noites*, de Carlos Jansen, publicados no Rio de Janeiro pela editora Laemmert, e o livro de poemas *Flores do Campo*, que José Fialho Dutra dedica aos jovens, por meio da tipografia do *Jornal do Comércio* de Porto Alegre, como registram Marisa Lajolo e Regina Zilberman (1984).

O fenômeno coincide com a abolição da escravatura, o advento da República e o esforço de colocar o país no ritmo do moderno capitalismo. A chegada de levas de imigrantes e o crescimento urbano dão origem à formação potencial do público consumidor de livros infantis e escolares, com textos que estão na mira das campanhas de alfabetização da época. Portanto, a produção dos livros infantis e juvenis no Brasil tem início por imposição e demanda, sobretudo, do processo de ensino. Leonardo Arroyo (2011) denomina esse material "literatura escolar", acentuando a falta de critérios distintos, no espaço e no tempo, e a presença de muitos volumes traduzidos e de literatura portuguesa. Enquanto Carlos Jansen se ocupa da tradução das obras estrangeiras, Figueiredo Pimentel adapta os clássicos europeus, reunidos nos *Contos da carochinha* (1894) e nas *Histórias da avozinha* (1896), com o selo da Livraria Quaresma. Aliás, outras casas, como a Garnier e a Laemmert, também abrem seus catálogos para materiais destinados ao mesmo público.

Nas duas primeiras décadas do século XX, a edição de obras literárias para as novas gerações aumenta, em sintonia com o ideário republicano, que visa à formação do leitor laico, urbano, alinhado com as propostas do mundo europeu. Nesse sentido, firmam-se os livros comprometidos com o projeto nacional, apoiados em temas voltados para o civismo e o nacionalismo laudatório. *Saudade*, de Tales de Andrade (1919), é exemplar dessa tendência, ao contribuir para a valorização da vida rural brasileira, acentuando o apoio oficial à agricultura e a eficácia do ensino na roça. Por sua vez, os poemas de Olavo Bilac (1904) reforçam valores caros aos novos tempos, ditando normas de conduta e civilidade aos alunos de então. Como a escola é o veículo oficial dos livros de leitura para a criança e o jovem, ela acolhe o material produzido, privilegiando a literatura que desenvolve temas como o valor do patriotismo, da obediência, da caridade, da aplicação no estudo, da constância no trabalho, da dedicação à família, da idealização da pobreza e de conteúdos curriculares específicos.

A situação começa a alterar-se na década de 1920, quando a divulgação dos bens culturais se intensifica com o aparecimento e a expansão dos veículos de massa, como o rádio. As novas ideias, caudatárias das conquistas modernistas, atingem todas as expressões artísticas, e a literatura para crianças e jovens não fica de fora. A grande virada vem com Monteiro Lobato, que modifica o mercado editorial brasileiro, quando resolve vender livros por consignação, uma vez que o Brasil conta com cerca de 30 livrarias naquele momento. A iniciativa dá margem a uma rede de quase mil distribuidores e o estimula a criar a primeira editora genuinamente nacional, como enfatiza Appel (1982), a Monteiro Lobato & Cia, que publica em 1918 o livro de contos *Urupês*, do próprio autor. Escritor, intelectual e homem de ação, Lobato preocupa-se com a educação brasileira e aposta no incremento à leitura como arma eficaz para a construção de um país melhor.

Quando edita, em 1920, *A menina do narizinho arrebitado*, livro didático a ser distribuído nas segundas séries, faz sucesso absoluto junto ao público. A partir daí, constrói um universo literário de renovação por atualizar personagens (como as de conto de fadas tradicional), temas (como a Segunda Guerra Mundial), cenários (como os Estados Unidos) e ideias (como as de desenvolvimento industrial e emancipação econômica), além de criar o universo imaginário do Sítio do Pica-Pau Amarelo, no qual associa as características do Brasil rural com os modernos avanços tecnológicos.

Com o colapso de sua primeira editora, Monteiro Lobato abre a Companhia Editora Nacional, em 1925, que publica a versão supervisionada por ele do primeiro livro escrito no Brasil, no século XVI, o relato de *Hans Staden – meu cativeiro entre os selvagens brasileiros*. Nos rastros de Lobato, novas empresas começam a surgir, e muitos autores e títulos ocupam o cenário dessa fatia do mercado, nas décadas seguintes. Em razão disso, escritores consagrados aderem à modalidade, legitimando-a. Alguns empenham-se na tarefa, escrevendo várias obras, como Viriato Corrêa e Erico Verissimo, enquanto outros a exercem eventualmente, como Menotti del Picchia, Graciliano Ramos e José Lins do Rego. A chegada dos anos 1950 e 1960 acelera o processo, estimulado pela abertura econômica e política, depois da ditadura de Getúlio Vargas.

O grande aumento de leitores, daí para frente, é resultado da "conspiração" de muitos fatores, decorrentes do panorama brasileiro e internacional. Por aqui, o golpe de Estado de 1964 dá origem à ditadura militar, responsável por um regime de força, controlador, atrelado aos interesses do capitalismo ocidental, que se estende até 1985. À luz de uma política cultural centralizadora e planificada, é promulgada a lei 5692/71, que reforma o ensino básico e estabelece diretrizes educacionais, impondo o uso do livro literário na escola. Aliemos ao fato a abertura da escola a todas as camadas da população, e temos, naquele momento, um número agigantado de leitores em potencial.

Esse contingente de leitores, no entanto, na maior parte das vezes, não tinha o fôlego necessário para enfrentar as obras literárias "clássicas" (e "adultas"!) que até então circulavam prioritariamente na escola. Para o enfrentamento e fruição desse universo literário, seriam necessárias competências de leitura muito além do horizonte de parco letramento vigente do meio de que emergem esses novos leitores agora com acesso à escola pública, então "democratizada". As consequências são o avanço da literatura de massa, estimulada pelas conquistas tecnológicas de edição e distribuição de livros e pelo aparecimento de novos autores, atentos às possibilidades tanto de atender aos horizontes desse novo público leitor que alcança os bancos escolares, em variados âmbitos – linguagem, temas, estrutura narrativa, comprimento do texto, materialidade das obras etc. –, quanto de burlar a censura do regime, por meio da criação artística e simbólica.

Os novos tempos são propícios, pois, à multiplicação do número de editoras dedicadas ao mercado promissor que, não por acaso, começa a se segmentar. O lugar diferenciado da literatura para crianças e jovens biparte-se e a fatia juvenil alcança estatuto próprio, devido à expansão da oferta de obras destinadas a esse público. Isso acontece porque testemunhamos no período a emergência de vozes minoritárias (não em número, mas em direito de expressão) da mulher, do negro, das classes marginalizadas, da criança e do jovem. Quanto ao último, ao poder de fala alia-se o de consumo (direto ou mediado pelo Estado), e a oferta de produtos que são oferecidos aos novos potenciais leitores cresce dia a dia. As casas editoriais abrem linhas de produção voltadas ao específico juvenil, e a primeira a se dedicar com maior fôlego a tal projeto é a Editora Ática.

Fundada em 1965, a editora inova ao lançar o "Manual do Professor", que traz textos de orientação didática, propostas de atividades, além das respostas para os exercícios dos alunos. Em 1973, cria a série Vaga-Lume, voltada para o público juvenil, em formato gráfico até hoje reconhecível, mesmo depois de a casa ter sido adquirida pelo Grupo Abril em 1999 e hoje integrar o grupo Somos Educação. Autores consagrados e iniciantes compõem seu catálogo, que conta com quase uma centena de obras, tendo *A ilha perdida*, de Maria José Dupré (obra que foi publicada pela primeira vez em 1945 e relançada na inauguração da Série Vaga-Lume), como a campeã de vendas, com mais de três milhões de exemplares comercializados (segundo o site da editora, 2019). A divulgação dos livros é feita por meio da escola, polo irradiador da leitura (até por Lei Federal, como vimos). Os professores de Língua Portuguesa situam-se na mira da distribuição, que busca seduzi-los, enviando à residência de cada um as novidades da Série. Sempre com vistas à satisfação dos jovens, os livros apresentam projeto gráfico-editorial agradável, em termos de diagramação, ilustração e distribuição do texto, que abriga os conteúdos de interesse dos jovens (ou aqueles que a sociedade assim considera), como *amor, mistério, policial, relações familiares, vida na escola, jogos, fatos históricos*, entre outros.

A Série Vaga-Lume, da Editora Ática, representa um marco na literatura juvenil brasileira: define um público, arregimenta autores, inova os processos de produção e circulação, incrementa o mercado livreiro, atinge todo o sistema. Tais avanços, no entanto, não se dão ao acaso, mas são impulsionados pelas mudanças históricas e sociais, econômicas e políticas, que conduzem, ainda que por caminhos sinuosos, a novas concepções de juventude e leitura, de educação e desenvolvimento.

Ao lançamento da Série Vaga-Lume no início da década de 1970 do século XX vem se somar, como símbolo da consolidação de uma literatura juvenil nacional correspondente a um segmento significativo do mercado editorial, o fato de que ao final dessa década as três principais instituições premiadoras de obras de literatura infantil passam a premiar regularmente também obras na rubrica *literatura juvenil*. Ao passarem a fazer isso de modo sistemático (Câmara Brasileira do Livro – CBL, Prêmio Jabuti, a partir de 1980) ou pela primeira vez e, a partir daí, repetidamente (Associação Paulista de Críticos de Arte – APCA, Prêmio

Melhor Livro Juvenil, a partir de 1978, e Fundação Nacional do Livro Infantil e Juvenil – FNLIJ, prêmio O Melhor para o Jovem, também a partir de 1978), as três instituições acabam por legitimar a modalidade *juvenil*, associando-a sobretudo – é importante destacar – à produção de narrativas longas (em oposição aos contos ou narrativas curtas geralmente associadas à literatura infantil).

Fica patente, portanto, que a literatura juvenil brasileira no início dos anos 1980 já conquistou um espaço bastante importante no universo editorial, passando a alcançar um número muito expressivo de leitores, bem como multiplicam-se títulos e tiragens. Mas, paradoxalmente, para muitos dos agentes sociais envolvidos no processo, cria-se certo consenso de que isso apenas não basta. Não é mais suficiente atender a esse jovem público leitor que chega à escola somente com obras que tratem de assuntos que lhe são próximos, expressos numa linguagem familiar e segundo estruturas narrativas lineares e cristalizadas. No intuito de formar com maior consistência os jovens leitores, passa-se a exigir, em diferentes frentes, patamares mais especializados do *subsistema literatura juvenil*, cobrando-se mais complexidade, diversidade de temas e formas, textos provocativos e polissêmicos, projetos gráfico-editoriais criativos e de qualidade, num processo que conduz à maturidade da literatura juvenil brasileira. E é significativo nessa trajetória o papel que desempenha o gradativo adensamento de políticas públicas de leitura no país.

A partir da década de 1980, num processo de continuidade da luta pela democratização do ensino no país, é digna de menção a gradativa implementação de políticas públicas de leitura no Brasil que, ainda que nem sempre suficientemente contínuas e abrangentes, com certeza tiveram um impacto positivo e dos mais substantivos na expansão da produção de livros juvenis entre nós, tanto no âmbito quantitativo quanto qualitativo. Aparecida Paiva, professora da UFMG que coordenou para o MEC, a partir de meados da primeira década do século XXI, importante programa de compra de livros infantis e juvenis destinados às bibliotecas escolares brasileiras (o PNBE), aponta os anos 1980 como um momento importante nessa trajetória, ainda que em meio a percalços:

> Muito se tem discutido nos últimos anos sobre a formação de leitores e o papel das políticas públicas de leitura nesse processo. Embora o MEC – à época Ministério da Educação e Cultura –, desde a sua criação em 1930, tenha promovido ações de promoção e acesso à leitura, foi apenas na década de 1980 que a questão da formação de leitores entrou na pauta das políticas públicas e, ainda assim, não de forma prioritária. De caráter assistemático e restrito, ações foram desencadeadas com foco nas bibliotecas escolares, no incentivo à leitura e à formação de leitores, mas sempre afetadas pela descontinuidade das políticas públicas que se alteravam de acordo com as prioridades e concepções da administração vigente. (PAIVA, 2012, p. 13)

Aparecida Paiva menciona quatro dessas iniciativas que, à época, tiveram papel importante para o crescimento do segmento de livros infantis e juvenis no país, tanto de forma direta quanto indireta: o Programa Nacional Sala de Leitura – PNSL (1984-1987), criado pela Fundação de Assistência a Estudante (FAE); o Proler, criado pela Fundação Biblioteca Nacional, do MEC (1992 até o presente); o Pró-leitura na Formação do Professor, parceria entre o MEC e o governo francês (1992-1996); o Programa Nacional Biblioteca do Professor (1994-1997). Os dois primeiros programas contribuíram diretamente para que, de forma gradativa, mais e mais livros para crianças e jovens fossem sendo comprados pelo Estado e distribuídos segundo critérios variados para bibliotecas de todo o país; os outros dois auxiliaram na conscientização do professor para o papel central que cabe à leitura, e mais especificamente à leitura literária, para uma formação consistente dos estudantes.

É, contudo, com o Programa Nacional Biblioteca da Escola – PNBE, executado pelo Fundo Nacional de Desenvolvimento da Educação – FNDE em parceria com a Secretaria de Educação Básica do Ministério da Educação, que é dado um passo decisivo para a expansão do setor do livro infantil e juvenil no país, como até então não se tinha visto. Como explicita Aparecida Paiva, o objetivo principal do programa que esteve sob sua coordenação durante vários anos é o de "democratizar o acesso de obras de literatura brasileiras e estrangeiras infantis e juvenis, além de fornecer materiais de pesquisa e de referência a professores e alunos das escolas públicas brasileiras" (PAIVA, 2012, p. 14).

Embora criado em 1997, é sobretudo a partir do ano de 2005, quando o processo de seleção dos livros é descentralizado e passa a ser feito por universidades públicas selecionadas por meio de edital, assim como são destinadas crescentemente verbas de maior porte para a aquisição de livros pelo Estado, que ocorre um enorme impulso na edição de livros infantis e juvenis no Brasil, Verifica-se no período tiragens muito expressivas, uma diversidade crescente de títulos lançados ano a ano e mesmo a multiplicação de pequenas e médias casas editoras que passam a competir com os grandes conglomerados editoriais na oferta de livros infantis e juvenis de qualidade ao Estado. O quadro que se segue permite comparar alguns números e cifras do mercado editorial brasileiro no intervalo de alguns poucos anos, oferecendo uma ideia do crescimento superlativo que caracteriza o setor de *literatura juvenil* no período na comparação com o de rubricas como *literatura adulta, literatura infantil* e *todos os livros*[3]:

---

[3] Em contraste a 2007, foi escolhido o ano de 2014 para ilustrar os números do crescimento da literatura juvenil, quando a economia brasileira ainda estava aquecida (em relação a 2018) e também o PNBE estava ainda a todo vapor, o que permite observar de forma bastante nítida seu impacto na expansão

Quadro 1 – Número de títulos e exemplares produzidos

	2007		2014	
	Títulos	Exemplares	Títulos	Exemplares
Literatura adulta	5.574	21.967.730	6.563	48.491.769
Literatura infantil	3.491	14.753.213	7.802	37.259.612
Literatura juvenil	1.711	8.522.107	4.578	20.085.348
Todos os livros	45.092	351.396.288	60.829	501.371.513

Fonte: Elaborado pelos autores a partir dos dados da Pesquisa Produção e Vendas do Setor Editorial Brasileiro (Câmara Brasileira do Livro e Sindicato Nacional dos Editores de Livros).

É importante destacar que, se por um lado, as compras governamentais – no caso brasileiro – têm um papel dos mais relevantes nessa trajetória de crescimento da literatura juvenil da última década, não se pode ignorar, sob outra perspectiva, que esse desenvolvimento do segmento não é produto apenas do estímulo recebido pelas compras governamentais brasileiras. Paralelamente a esse fenômeno local, a literatura juvenil – em termos mundiais, incluindo o caso brasileiro – está inserida numa economia globalizada, que não apenas diz respeito a grandes grupos editoriais transnacionais, mas também à indústria do entretenimento de um modo geral, à qual também está associada (cinema, música, *videogames*, redes sociais, moda etc.). Nas últimas duas décadas, em particular a partir do *fenômeno Harry Potter* (cujo primeiro título foi lançado em 1998), a literatura juvenil se expandiu enormemente.

do mercado de literatura juvenil, seja em termos de ampliação de número de títulos disponíveis para os leitores, seja no que diz respeito às altas tiragens de obras juvenis postas em circulação.

Gemma Lluch, da Universidade de Valência, Espanha, importante especialista em leitura e literatura juvenil, tem chamado a atenção para a dupla mão instaurada pelas leituras dos jovens no século XXI: numa direção, as narrativas que constituem a "leitura recomendada" pela escola e que, prioritariamente, circulam no meio escolar, avaliadas e legitimadas não apenas por educadores, mas também pela crítica especializada e por prêmios literários e postas em circulação sob a chancela de mediadores adultos (editores, professores, bibliotecários, pais etc.); numa outra direção, o que a pesquisadora denomina "narrativas de compra por impulso", associadas aos livros de natureza mais comercial. O fenômeno é descrito com muita precisão por Lluch:

> Uma das principais mudanças do século XXI é a leitura que fazem os adolescentes fora do circuito escolar, ou, expresso de outra maneira, as leituras que realizam não como escolares, mas, sim, na sua qualidade de consumidores de "cultura". É uma leitura que transformou o modo pelo qual as editoras têm de publicar as obras e gerou uma forma de participação dos leitores que conduz a novas escrituras (resenhas críticas em seus blogues, discussões em fóruns, troca de recomendações no twitter etc.) e em certos casos, inclusive, leva a novas narrativas caracterizadas por serem multimídia (...). (LLUCH, 2012, p. 40-41)[4]

Em seus estudos, efetivamente Lluch atribui um peso significativo à nova dinâmica que passam a ter as editoras para dirigir-se cada vez mais diretamente aos jovens, investindo muita pesquisa, trabalho e capital para conhecer o gosto e os hábitos de seus compradores/leitores, agora, à luz da web, consumidores culturais muito mais "autônomos" e independentes dos mediadores que

---

[4] Tradução do castelhano por João Luís Ceccantini.

não sejam aqueles de seu próprio grupo etário. Destaca, nesse contexto, o precioso (e hoje já muito utilizado) conceito de Henry Jenkins de "cultura participativa". A pesquisadora enfatiza que "esse novo leitor vai do livro à tela, da leitura à escritura, das letras às imagens" (LLUCH, 2012, p. 44), lançando-se num universo de leitura compartilhada que traz contribuições significativas à construção de sentidos para as obras lidas e criando uma "identidade coletiva" de leitores – de jovens na qualidade de leitores, que saem do ostracismo a que eram relegados para uma posição de sujeitos. Um último aspecto bastante importante destacado por Lluch nessa outra tendência da literatura juvenil, que não é a "recomendada", é o caráter frequente de literatura "de fronteira" que assume, sendo compartilhada tanto por jovens quanto por adultos, apenas, por vezes, em embalagens diferentes (capa do livro, presença ou não de ilustrações, diferença de paratextos conforme o público alvo de uma dada edição etc.) – foi o caso de títulos/séries como *Harry Potter, Crepúsculo, Jogos vorazes, Divergente*, entre outros.

Esse novo contexto em que está inserida a literatura juvenil no século XXI, bastante mais complexo do que meio século atrás, quando as obras pioneiras dessa rubrica vieram a público, impõe questões candentes para o universo editorial, com um sem-número de pontos de vista, decisões e estratégias que um editor de literatura juvenil deve assumir para sobreviver no exigente cenário dos dias de hoje, ao mediar a produção de obras juvenis competitivas e de qualidade. Basta ter em mente a complexidade da *cadeia de valor editorial*, tal como a concebe Thompson (2013, p.22) e cujo esquema é reproduzido a seguir, para constatar as muitas variáveis em jogo no processo editorial:

Figura 1 – Cadeia de valor na área editorial

| criação de conteúdo (autores) | → | aquisição de conteúdo (publishers) | → | desenvolvimento de conteúdo (publishers) | → | controle de qualidade (publishers) | → | copidesque + edição (editores + freelancers) |

| design (editor + terceirizados) | → | diagramação (diagramadores) | → | revisão (editores, autores freelancers) | → | impressão e acabamento (gráfica) | → | vendas e marketing (editores) |

| estoque e distribuição (editora + distribuidoras) | → | venda de livros (livreiros, clubes do livro, varejistas em geral) | → | consumidores/leitores |

| vendas por atacado (atacadistas) | → | instituições (bibliotecas etc.) |

Fonte: THOMPSON, 2013, p. 22.

As diferentes posturas assumidas por um editor, bem como as decisões que toma para cada uma das instâncias envolvidas no processo editorial, seguramente acabam por desembocar num conceito de obra juvenil muito específico a que se chega ao final do processo, configurando-se das mais variadas maneiras no sistema literário como um todo (como quer Antonio Candido) ou, dito de outra maneira, no campo literário (como quer Bourdieu, referência assumida por Thompson[5]). Apenas a título de ilustração são evocadas aqui algumas posições assumidas por editores – e mesmo um escritor –, em depoimentos selecionados, que, certamente, iluminam a dinâmica do processo.

---

[5] Como esclarece o pesquisador inglês: "Além do conceito de campo, há outro conceito, ou conjunto de conceitos, do qual precisamos para compreender o mundo de publicações comerciais – a cadeia editorial. A editora é um participante do campo, e a maneira como as editoras se relacionam com outros participantes é moldada por uma cadeia de atividades em que diferentes agentes ou organizações desempenham diferentes papéis, voltados para um objetivo comum – ou seja, produção, venda e distribuição dessa mercadoria especial, o livro. A cadeia editorial é tanto uma *cadeia de suprimento* quanto uma *cadeia de valor*." (THOMPSON, 2013, p. 20).

Considerando a primeira instância do esquema (*criação de conteúdo/autores*), é curioso observar, por exemplo, como um autor pode vir a introjetar certas representações a propósito da literatura juvenil ou generalizar sobre como funcionam determinados mecanismos da indústria cultural, cerceando seu processo criativo, se autocensurando, no afã de "acertar", isto é, de atender ao que imagina serem as expectativas do mercado editorial a respeito da produção juvenil. O exemplo selecionado é curioso, porque se trata da primeira incursão de – até então – um autor da "literatura adulta", com uma produção usualmente associada a certo caráter transgressor, com representações cruas da violência urbana, do sexo, da miséria etc., que, quando se dispõe a escrever para jovens, pressupõe ser necessário "suavizar" bastante a abordagem do tema. Trata-se de Fernando Bonassi, autor de, entre outros títulos celebrados, *Um céu de estrelas* (1991)

> ... quando a Editora Moderna me sugeriu escrever um livro tratando de uma primeira experiência sexual, fiquei bem desconfiado. Imaginei que iriam querer algo bem careta. Passei uns dias pensando no que fazer e descobri o óbvio: eu só ia curtir escrever o livro se eu pudesse contar a real complicação que foi a minha primeira transa, se eu pudesse desabafar um pouco. Fiz o livro e achei que ele ia ser recusado. Mas não é que não só não foi recusado como fui incentivado a deixar a história ainda mais radical?! Pode? Sei que eu quebrei a cara, mas gostei.
> (BONASSI, 1996, p. 175)

Bem esclarecedores, também, são alguns depoimentos de *publishers*, de diferentes nacionalidades, manifestando sua posição a propósito de aspectos variados da cadeia editorial ligada à produção para crianças e jovens, associados tanto à literatura juvenil "recomendada" como àquela adquirida "por impulso", para utilizar os termos de Lluch. É o caso, por exemplo, de Elsa Aguiar, consagrada editora espanhola, que esteve, por muitos anos, à frente da Fundación SM de Ediciones México. Após seu falecimento, em 2015, foi publicado um livro reunindo um conjunto de textos muito oportunos e sensíveis sobre a arte de editar livros para crianças e jovens, publicados num blog da autora, desenvolvido de 2009 a 2015. No fragmento que se segue, é tocante a posição dessa editora de posições libertárias, sempre defendendo uma literatura "maior" para crianças e jovens, que não se dobre a facilitações e concessões rasteiras:

> [...] 'do que não é conveniente falar' nos livros de literatura infantojuvenil? Creio que a resposta é que *não há nenhum tema de que não seja conveniente falar em um livro para crianças*.
> A questão não é o quê. A questão é o *como*. Aqueles que têm uma relação diária e próxima com crianças sabem que elas querem saber de tudo. E que se pode falar de tudo. Mas não podemos esquecer que as crianças e os jovens são *pessoas em formação*. E isso, de meu ponto de vista, torna imperativo que sejamos muito conscientes do impacto que pode ter no desenvolvimento dessas pessoas qualquer produto cultural que a elas destinemos. Assim, a questão de como se devem tratar os temas dirigidos a crianças e jovens (portanto pessoas em desenvolvimento) é algo socialmente *construído* e que tem variado muito ao longo do tempo. (AGUIAR, 2016, p. 27)[6]

Sylvie Gracia, editora francesa que coordenou, para a casa Éditions du Rouergue, tanto uma coleção de literatura geral ("La Brune") quanto uma coleção específica para jovens ("do A do"), faz ponderações instigantes, explorando a condição de fronteira em que, por vezes, se inserem originais ou títulos já publicados que serão reeditados. Segundo Gracia, as decisões editoriais não

---

[6] Tradução do castelhano por João Luís Ceccantini.

podem ser simplistas, sobretudo não devendo subestimar ou estereotipar os leitores, sejam eles jovens ou adultos:

> A priori, os manuscritos são enviados para uma coleção particular, seja adulta, seja juvenil. Mas é verdade que nos aconteceu, por diversas vezes, no que diz respeito a um texto escrito com destinação a adultos, de selecioná-lo, com a concordância do autor, para ser publicado em "do A do". Isso ocorreu para cinco de vinte e cinco livros publicados na "do A do". (...) Alguns perguntaram porque um livro não foi publicado para adultos, em face de sua grande força emotiva e de suas qualidades de escrita. Como se a literatura juvenil fosse uma literatura "menor", algo contra o qual nós nos opomos. (...) Nosso único critério [de especificidade de uma literatura para jovens] é o de que os romances tratem de um momento da vida do adolescente, esse tempo crucial, tão específico nas nossas sociedades contemporâneas, tempo de construção (frequentemente difícil) e de questionamentos. É claro que grandes obras do patrimônio literário têm por heróis adolescentes ou crianças e foram publicadas para adultos. Mas hoje, o espaço editorial e comercial permite acolher esses textos em coleções específicas. (GRACIA *apud* LARTET-GEFFARD, 2005, p. 61-65)[7]

Sabemos também, para além da série ou coleção a que está associado um texto (ou não), o quanto decisões editoriais na esfera do objeto-livro como um todo – capa, projeto gráfico, presença ou não de ilustrações, paratextos (orelha, quarta capa, notas etc.) – podem afetar a recepção de uma narrativa. Não apenas o texto em si, mas o livro em toda a sua materialidade e até mesmo o tipo de *marketing* concebido para a distribuição e a circulação da obra contribuem de forma significativa para que um livro seja visto como infantil, juvenil, "adulto" ou "de fronteira", assim

---

[7] Tradução do francês por João Luís Ceccantini.

como – ainda que dentro de certos limites – seja percebido como um livro do tipo "recomendado", característico da circulação em meio escolar, ou voltado para a "compra por impulso", no caso, pelo jovem. Em um e outro caso, fica evidente que são muitas as coerções a que é submetida a literatura juvenil, provocando adesões ou rejeições do público-alvo em maior ou menor grau. Apenas com plena consciência das diversas variáveis em jogo é possível pensar em obras juvenis que, para além desta ou daquela classificação, se configurem como objetos culturais capazes de colocar em xeque as noções de *transitório, marginal* ou *menor*, correntemente associados ao específico juvenil, para apostar na competência formadora que possui o autêntico apelo ao imaginário, produto das construções simbólicas de peso.

Referências

AGUIAR, Elsa. *Editar en voz alta*: notas de una editora de literatura infantil y juvenil. Ciudad de México: Fundación SM; CILELIJ, 2016.

ANDRADE, Tales de. *Saudades*. São Paulo: Companhia Editora Nacional, 1919.

APPEL, Carlos Jorge. Lobato, um homem da República Velha. In: ZILBERMAN, Regina (Org.). *Atualidade de Monteiro Lobato*: uma revisão crítica. Porto Alegre: Mercado Aberto, 1983. p. 25-32.

ARROYO, Leonardo. *Literatura infantil brasileira*. São Paulo: Editora UNESP, 2011.

BILAC, Olavo. *Poesias infantis*. Rio de Janeiro: Francisco Alves, 1904.

BONASSI, Fernando. *Tá louco!* São Paulo: Moderna, 1996. p. 175.

CANDIDO, Antonio. *Literatura e sociedade*. São Paulo: Companhia Editora Nacional, 1976.

DUPRÉ, Maria José. *A ilha perdida*. São Paulo: Ática, 1973.

EDITORA ÁTICA. *História*. Disponível em: <https://www.aticascipione.com.br/sobre/>. Acesso em: 19 de abril de 2019.

LAJOLO, Marisa; ZILBERMAN, Regina. *Literatura infantil brasileira*: história & histórias. São Paulo: Ática, 1984.

LARTET-GEFFARD, Josée. *Le roman pour ados*: une question d'existence. Paris: Éditions du Sorbier, 2005.

LLUCH, Gemma. La narrativa para los adolescentes del siglo XXI. In: ROIG RECHOU, BLANCA-Ana; SOTO LÓPEZ, Isabel; RODRÍGUEZ, Marta Neira (Coord.). *A narrativa xuvenil a debate (2000-2011)*. Vigo: Xerais, 2012, p. 39-57.

LOBATO, Monteiro. *A menina do narizinho arrebitado*. São Paulo: Monteiro Lobato & Cia. Editores, 1920.

LOBATO, Monteiro. *Hans Staden*: meu cativeiro entre selvagens brasileiros. São Paulo: Companhia Editora Nacional, 1925.

LOBATO, Monteiro. *Urupês*. São Paulo: Monteiro Lobato Editora, 1918.

PAIVA, Aparecida. Políticas públicas de leitura: pesquisas em rede. In: ____. (Org.). *Literatura fora da caixa*: o PNBE na escola – distribuição, circulação e leitura. São Paulo: Editora UNESP, 2012. p. 13-33.

PIMENTEL, Figueiredo. *Contos da carochinha*. Rio de Janeiro: Livraria Quaresma, 1894.

PIMENTEL, Figueiredo. *Histórias da avozinha*. Rio de Janeiro: Livraria Quaresma, 1896.

SILVA, Maria Madalena Marcos Carlos Teixeira da. Uma escrita de transição: contributos para uma reflexão sobre literatura juvenil. In: ROIG RECHOU, BLANCA-Ana; SOTO LÓPEZ, Isabel; RODRÍGUEZ, Marta Neira (Coord.). *A narrativa xuvenil a debate (2000-2011)*. Vigo: Xerais, 2012. p. 13-36.

THOMPSON, John B. *Mercadores de cultura*: o mercado editorial do século XXI. Tradução de Alzira Alegro. São Paulo: Editora UNESP, 2013.

Reflexões sobre a materialidade

Livro: um projeto de Design na Leitura[1]

Maíra Lacerda
Jackeline Lima Farbiarz

Definições para um objeto

Artefato presente no cotidiano de parte significativa das pessoas pertencentes à sociedade contemporânea, o livro se torna objeto quase banal nas práticas culturais da leitura e da escrita. Acostumados a tê-lo por perto – seja como acompanhantes em viagens e momentos de espera, presença recorrente na mesa de cabeceira ou mesmo como enfeites em estantes –, não estamos, em geral, acostumados a refletir sobre sua existência, sua definição e mesmo seus limites. Ficamos emocionados com seu conteúdo ficcional, aprendemos com seu conteúdo científico e nos encantamos com seu conteúdo artístico, mas não costumamos olhar além disso e pensá-lo enquanto objeto construído, ao mesmo tempo produto e difusor de comunicação, cultura e arte. Ao procurar uma definição no dicionário, encontramos

> **livro** li.vro sm (lat libru) 1 Segundo a Unesco, publicação não periódica, impressa, contendo pelo menos 48 páginas, excluída a capa. Col: pilha, ruma (amontoados); biblioteca, livraria (dispostos em ordem). 2 Coleção de lâminas de madeira ou marfim ou folhas de papel, pergaminho ou outro material, em branco, manuscritas ou

---

[1] Este texto é parte integrante da tese de doutorado intitulada *A formação visual do leitor por meio do Design na Leitura:* livros para crianças e jovens (LACERDA; FARBIARZ, 2018), desenvolvida com bolsa da CAPES e da Vice-reitoria Comunitária da PUC-Rio.

impressas, atadas ou cosidas umas às outras. 3 Divisão de uma obra literária. 4 Qualquer coisa que pode ser estudada e interpretada como um livro: O livro da natureza (...). (MICHAELIS, 2015)

Tal definição, na primeira significação apresentada, dá conta de uma grande maioria de objetos-livro produzidos atualmente, mas também exclui parte significativa da produção editorial recente. Ao delimitar a forma impressa e a quantidade mínima de páginas, muitas publicações são suprimidas dessa acepção de livro. Com uma segunda significação que remonta mais especificamente à evolução histórica do suporte, ao fazer menção às lâminas de diferentes materiais já utilizados para a constituição do objeto, mas que não alcança o cenário contemporâneo que vem se delimitando, e uma terceira significação que o limita apenas à divisão de uma obra literária, temos, na direção do contrafluxo, uma quarta e última definição que amplia as fronteiras anteriores. Ao definir o livro como "qualquer coisa que pode ser estudada e interpretada como um livro", o dicionário nos apresenta um sentido que utiliza o próprio objeto como delimitação dele mesmo, demonstrando a força da concepção de livro na nossa cultura e a dificuldade em explicá-la e transcrevê-la.

Buscando outras definições, encontramos o *Dicionário do livro*: da escrita ao livro eletrônico, e, nele, outras maneiras de elucidar a natureza do objeto:

> **livro** conjunto de cadernos, manuscritos ou impressos, costurados ordenadamente e formando um bloco | obra, científica ou literária, que forma ou pode formar um volume | cada uma das partes principais em que se dividem os textos dos livros | documento impresso ou não-impresso | transcrição do pensamento por meio de uma técnica de escrita em qualquer suporte com quaisquer processos de inscrição. O livro supõe um suporte,

signos, um processo de inscrição, um significado. Integra-se num processo de criação, reprodução, distribuição, conservação e comunicação. Dirige-se a um leitor, possui uma finalidade: a reflexão, o ensino, o conhecimento, a evasão, a difusão do pensamento e a cultura | segundo a agência portuguesa para o ISBN (*International Standard Book Numbering*), é toda publicação não-periódica com um mínimo de quarenta e cinco páginas e que esteja sujeita a depósito legal | segundo a ISO (*International Standard Organization*), é publicação impressa não periódica, com mais de quarenta e oito páginas, sem incluir as da capa, que constitui uma unidade bibliográfica; monografia | exemplar a partir do qual o editor faz a impressão. (FARIA; PERICÃO, 2008, p. 458-459)

As autoras Maria Isabel Faria e Maria da Graça Pericão também apresentam o livro a partir das definições oficiais dos órgãos internacionais que legislam a seu respeito[2], e o limitam em termos de suporte impresso e de número de páginas, mas, além disso, apresentam possibilidades de definições que expandem o objeto para além do impresso, enquanto transcrição do pensamento em qualquer suporte e com quaisquer processos de inscrição. Ao estabelecer as finalidades do livro a partir da relação que ele estabelece com o sujeito leitor, elas permitem a percepção da amplitude que essa definição abarca para o objeto e abrem nosso olhar para a variedade de formas que o livro contemporâneo pode possuir.

Partindo dessa premissa, propomos olhar para o mercado editorial e para a diversidade de objetos que produz a partir de

---

[2] No Brasil, a Fundação Biblioteca Nacional representa a Agência Brasileira do ISBN (*International Standard Book Number*), com a função de atribuir o número de identificação aos livros editados no país, e utiliza a mesma definição de livro do órgão internacional.

um livro em seu formato "convencional", que debate, por meio da metalinguagem, de forma simples e direta, o que o constitui como tal, apesar do número de páginas não permitir sua classificação enquanto livro pelos órgãos competentes. No livro infantil com texto e ilustrações de Lane Smith, *É um livro* (2010), encontramos no diálogo entre os personagens a tentativa de definir o objeto por meio da afirmação do que ele não é e do que ele não faz. Interpelado pelo personagem do burro, que tem o notebook como parâmetro de comparação, se o livro faz certas ações, o personagem do macaco apenas repete constantemente "não, é um livro". No único momento em que o personagem do macaco busca que seu companheiro compreenda o objeto a partir do que ele é, isso é feito por meio da observação do objeto e não da sua definição, quando o macaco o aproxima do burro e sugere "olha só", mais uma vez ratificando a dificuldade de explicar e definir o livro.

Contudo, com os novos formatos que surgem a cada dia no mercado editorial, especialmente no mercado de publicações voltadas para crianças e jovens, podemos realmente dizer para o burro "não, um livro não faz isso"? Podemos dizer de forma definitiva "isso é um livro" e "isso não é um livro"? Tanto em formatos físicos como em formatos digitais, encontramos hoje livros que permitem ao leitor "descer a página", como também decidir as ações dos personagens, reproduzir vídeos e sons etc. Sendo assim, percebemos novamente que as definições clássicas, assim como a visão tradicional a respeito do objeto-livro, mesmo quando nos limitamos às versões impressas, não abrangem a totalidade de suas formas e usos contemporâneos.

Talvez a dificuldade que encontramos de estabelecer um conceito único para livro decorra do fato de ele poder ser compreendido como um problema complexo ou um *wicked problem* (LACERDA; SADDY; FARBIARZ, *no prelo*). Segundo Rittel e Webber (1973), um *wicked problem* se caracteriza pela complexidade de sua formulação e imprecisão da estrutura; ao nos debruçarmos sobre a pergunta "o que é um livro?", reconhecemos tais características e percebemos que essa é uma questão sem resposta fechada. As circunscrições dos aspectos relevantes e inexoráveis do objeto são difusas e estão constantemente sendo estendidas, assim como as prospecções dos fins almejados e os possíveis meios de atingi-los são subjetivos aos avaliadores e não consensuais (RITTEL; WEBBER, 1973, p. 163). A visão do livro como um problema complexo nos mostra um horizonte de possibilidades que se expande sucessivamente, pois problemas complexos nunca são solucionados, mas, no melhor dos casos, mostram-se objeto de contínuas reflexões e realizações decorrentes.

Um problema chamado Alice: a complexidade através de múltiplos espelhos

Há pouco mais de 150 anos, a menina Alice, entediada ao ver sua irmã lendo um livro sem figuras e sem diálogos, seguiu o Coelho Branco e adentrou um mundo de maravilhas. Nessa terra estranha – de coelhos e relógios, lagartas e narguilés, rainhas e naipes de baralho –, Alice cresce e diminui, muda e desmuda, tanto e o tempo todo, a ponto de não mais lembrar como era originalmente. São tantas formas possíveis! Tempos depois, Alice se depara com seu reflexo e descobre que através do espelho existem ainda novas possibilidades. Como num caleidoscópio de Alices, a menina procura por sua identidade entre reflexos e reflexões. Alice é uma e é mil, assim como o livro que conta suas aventuras.

Escritas por Lewis Carroll, pseudônimo de Charles Lutwidge Dodgson, em 1864 (sendo publicada em 1865) e 1868, *Alice no país das maravilhas* e *Alice através do espelho* são narrativas que exploram constantemente a dualidade e o simbolismo, envolvendo os leitores pelo *nonsense* ao mesmo tempo que criticam vigorosamente a sociedade inglesa da era vitoriana. E essa pluralidade de sentidos que permeia seus textos, encantando leitores e fascinando pesquisadores, é acrescida ainda pela pluralidade de formas dos objetos que os acolhem.

A complexidade de um objeto-livro é facilmente identificável nas inúmeras edições dos textos clássicos, sendo *Alice* um caso exemplar. A obra já foi traduzida para mais de 174 línguas diferentes, existindo, atualmente, mais de 9 mil edições de *Alice no país das maravilhas* (OAK KNOLL PRESS, 2018), e o fato do texto de Carroll e as ilustrações originais de John Tenniel estarem em domínio público torna praticamente impossível o monitoramento do número de novas publicações. Fora a diversidade dos países em que é editado, a obra tem como leitores públicos de diversas idades, culturas e condições socioeconômicas. Há edições de bolso e de luxo, outras editadas para crianças muito pequenas e edições comentadas por estudiosos, versões sem ilustração (em contraponto à própria fala de sua protagonista) e uma infinidade de versões ilustradas com estilos e abordagens totalmente diferentes entre si. Alice é um clássico do livro impresso e já possuí adaptações interativas para *e-books*, além de contar com adaptações para diversas mídias como cinema, quadrinho, jogo eletrônico, teatro, entre outras. Mas como será que essas materialidades diferentes, tal qual os cogumelos e as bebidas, modificam essa menina que acompanha tantas gerações de leitores?

Tendo seu princípio como narrativa oral, contada por Lewis Carroll em 1862 para as irmãs Liddell – Alice, Edith e Lorina –, durante um longo passeio de barco, Alice se tornou livro pela primeira vez na forma de um manuscrito, ilustrado pelo próprio Carroll, para presentear a menina que inspirou sua protagonista e as aventuras que ela viveu no subterrâneo.

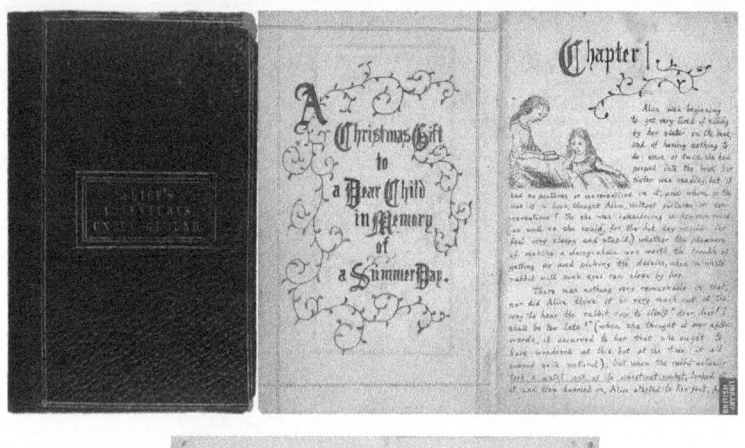

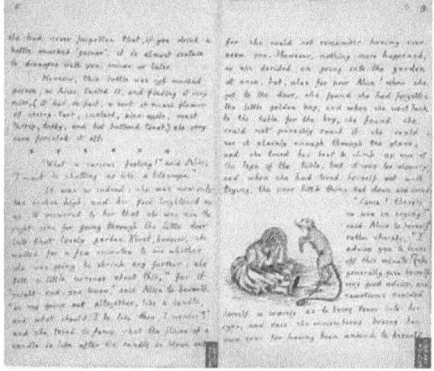

Figura 1 – Reproduções do original manuscrito e ilustrado por Lewis Carroll, *Alice's Adventures Under Ground* (1864)
Fonte: British Library.

Como livro impresso, isto é, como texto revisto e ampliado, Alice trocou o subterrâneo pelo país das maravilhas, e as ilustrações do escritor pelas gravuras do artista John Tenniel, hoje consideradas as ilustrações originais da história e indissociáveis do texto. Em um primeiro momento, podemos pensar que Tenniel procurava uma representação fiel ao texto de Carroll, apesar do caráter absurdo de certas passagens, em uma relação de redundância; contudo, o gravurista desenvolveu suas ilustrações por meio da recriação de caricaturas políticas que publicava no periódico *Puch*, fazendo com que muitos personagens fossem reconhecíveis para o público da época, dessa forma colaborando para a mediação do texto, gerando releituras e intertextualidades também na construção de significados das imagens (PELIANO. In: CARROL, 2015c, p. 143).

A edição contemporânea *Alice: Aventuras de Alice no país das Maravilhas e Através do Espelho e o que Alice encontrou por lá*, publicada pela editora Zahar para a coleção Bolso de Luxo em 2009, proporciona ao público brasileiro o contato com essas ilustrações. Nessa edição, devido às características da coleção, cujo projeto gráfico foi desenvolvido por Carolina Falcão, a obra de Carroll é apresentada em formato pequeno e encadernação de capa dura, o que confere destaque ao livro e ao mesmo tempo o aproxima de seu leitor, em função do contato mais próximo. O projeto gráfico valoriza as ilustrações originais de Tenniel e utiliza elementos de uma diagramação clássica para o texto.

Figura 2 – Capa e páginas 80-81 do livro *Alice: Aventuras de Alice no país das Maravilhas* e *Através do Espelho e o que Alice encontrou por lá*, de Lewis Carroll (2009), com ilustrações de John Tenniel, publicado pela editora Zahar para a coleção Bolso de Luxo.

A mesma editora lançou as aventuras da menina que cresce e encolhe em versão comentada, visando oferecer informações e contextualização histórica a respeito da obra – seu texto e suas ilustrações –, suas publicações e adaptações ao longo do tempo. Essa edição se destina a um público diferente da primeira, e encontra entre seus leitores adultos curiosos e estudiosos de literatura. O tom de um projeto clássico, dessa vez desenvolvido pelo Studio Creamcrackers, é mantido, por meio da utilização de capitulares, títulos corrente etc., e as ilustrações originais de Tenniel também são aí valorizadas. Contudo, o formato maior permite que o projeto gráfico divida a página em duas colunas, que, devido ao tamanho desigual e à diferença evidenciada da tipografia, organizam hierarquicamente os diferentes conteúdos que compõem o livro – o texto original de Carroll e as notas de Martin Gardner.

Figura 3 – Capa e páginas 10-11 do livro *Alice: edição comentada*, de Lewis Carroll (2002), com ilustrações de John Tenniel, publicado pela editora Zahar.

Contudo, a possibilidade editorial de reproduzir as ilustrações tradicionais está longe de ser a única. Alice se transforma e se transmuta a partir do olhar de cada ilustrador e cada designer que se propõem a acompanhá-la em suas aventuras. Na edição comemorativa de 150 anos, publicada ainda pela mesma editora Zahar em 2015, o projeto gráfico desenvolvido por Carolina Falcão apresenta o texto clássico a partir de uma interpretação contemporânea da obra, que busca representar graficamente a ousadia expressa no texto de Carroll. Com colagens que desmontam e recombinam as ilustrações originais de Tenniel com diferentes imagens e influências – que vão de M. C. Escher a Salvador Dalí –, a artista plástica Adriana Peliano convida o leitor a "ir além da história contada e amplificar sua escuta para o *nonsense*, os jogos de linguagem e a fertilidade de sentidos presentes nas ideias de Alice" (PELIANO. In: CARROLL, 2015c, p. 147). Ademais, com a proposta de apresentar dois livros em um, essa edição possibilita a leitura das duas aventuras de Alice, dependendo do lado pelo qual se abra o objeto.

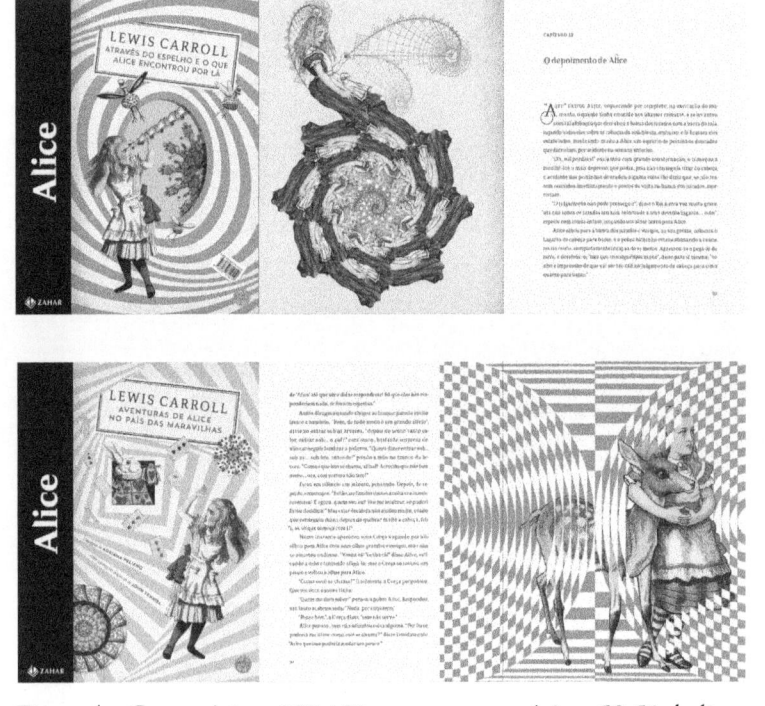

Figura 4 – Capa, páginas 130-131, contracapa e páginas 50-51 do livro *Alice: edição comemorativa – 150 anos*, de Lewis Carroll (2015c), com colagens de Adriana Peliano sobre ilustrações de John Tenniel, publicado pela editora Zahar.

Em uma proposta que separa as duas aventuras da personagem e as apresenta de forma completamente inovadora e desvinculada das imagens originais, a edição publicada pela Cosac Naify, também em 2015, com ilustrações de Luiz Zerbini e projeto gráfico de Luciana Facchini e Paulo André Chagas, se torna um convite ao jogo da leitura materializado nas cartas de baralho. Personagens cruciais na jornada da menina pelo país das maravilhas, as cartas são representadas nesta edição em diferentes elementos por todas as partes do livro, além de serem utilizadas como suporte para a imagem dos personagens, em esculturas construídas por meio de recortes e dobraduras, fotografadas para ilustrar e dialogar com o texto.

Figura 5 – Capa e páginas 52-53 do livro *Alice no país das maravilhas*, de Lewis Carroll (2015a), com ilustrações de Luiz Zerbini, publicado pela Cosac Naify.

Tendo as cores branca e vermelha como elementos de destaque para a apresentação gráfica da obra, em referência direta às peças de xadrez da narrativa, a edição da Cosac Naify para *Alice através do espelho e o que ela encontrou lá,* com ilustrações de Rosângela Rennó e projeto gráfico de Flávia Castanheira, investe na releitura da obra e na ressignificação das diferentes adaptações literárias e cinematográficas já realizadas para Alice. Por meio de espelhos e lentes, as ilustrações exploram os desdobramentos da história ao criar composições que unem as ilustrações de Tenniel e os *frames* dos diversos filmes já realizados que contaram as histórias da menina – Walt Disney em 1951, Harry Harris em 1985, Tim Burton em 2010, dentre outros.

Figura 6 – Capa e páginas 40-41 do livro *Alice através do espelho e o que ela encontrou lá*, de Lewis Carroll (2015b), com ilustrações de Rosângela Rennó, publicado pela Cosac Naify.

Por sua vez, a Macmillan Children's Books, editora original do texto de Lewis Carroll (2015d), publicou, na Inglaterra, para a comemoração dos 150 anos, a edição de luxo *The Complete Alice*, retomando as ilustrações originais de John Tenniel, dessa vez colorizadas por Harry Theaker e Diz Wallis, em projeto gráfico cuja autoria não é identificada. A importância do aniversário da obra é representada na imponência do objeto: com grande formato, encadernação em capa dura, baixo-relevo e *hot stamping* em duas cores na capa, que conta ainda com faca especial que permite ao leitor acompanhar Alice e embrenhar-se no buraco do Coelho Branco progressivamente, conforme adentra também o livro. Com projeto gráfico voltado para a valorização do texto e das ilustrações, os pequenos detalhes, como o fólio que apresenta o símbolo do naipe de copas na primeira parte do livro e a coroa da rainha do xadrez na segunda, completam a obra destinada a colecionadores.

Como todo livro, cada edição de *Alice* é um esforço conjunto de diversos profissionais que colocam nele suas *expertises*, suas marcas, suas comunicações, suas crenças. E, também, como todo livro, tem múltiplas interpretações possíveis. Existem milhares de Alices, construídas por profissionais e leitores do mundo todo, desde sua primeira publicação até o dia de hoje, e possivelmente por muitos anos mais; e cada uma delas é uma resposta verdadeira para o "problema" Alice, demonstrando a possibilidade de se compreender o objeto-livro como um *wicked problem*, ou problema complexo. As inúmeras reedições da obra ao longo do tempo e mesmo as diferentes edições contemporâneas demonstram que não basta reimprimir um livro: para cada nova publicação é necessário que ele seja novamente pensado e "resolvido", tendo em vista o seu novo contexto. E com cada nova edição temos uma nova obra, um novo objeto, um novo enunciado e novas formas de leitura.

Nas palavras de Morin (2011, p. 89), "Num universo de pura ordem, não haveria inovação, criação, evolução". Seguindo um pensamento puramente "prático", não haveria "necessidade" de novas ideias, propostas, nem soluções para uma mesma questão se ela já foi suficientemente bem atendida. Mas o universo não é pura ordem, os seres humanos não são puramente práticos, e o livro, como *wicked problem*, carrega em si a potencialidade de muitas soluções, diferentes interpretações e diversas configurações enquanto objeto. Alice continua mudando, crescendo e diminuindo; continua andando pelo tabuleiro de xadrez, em movimentos invertidos e espelhados; e continua a tomar novos corpos para encontrar novos leitores. Novos objetos-livro que contam histórias parecidas sobre uma menina que encontra um país das maravilhas e uma casa no espelho, mas nunca a mesma história. Como serão essas novas Alices?

Design na Leitura: uma proposta projetual

Ao pensarmos o processo projetual de um livro, que habitualmente se inicia a partir de um texto consolidado (apesar de essa não ser a única possibilidade), a diversidade de contextos de uso e possibilidades de solução para a criação desse objeto são potencialmente infinitas. Ao agregar materialidade a um conjunto de palavras, diferentes profissionais realizam inúmeras escolhas que levam a diferentes objetos, diferentes livros, e, por conseguinte, diferentes experiências de leitura. Objetos e leituras essas que não se encerram em si mesmas, tendo em vista que novas leituras e edições possibilitam novas questões, novas interpretações e novas respostas para um mesmo texto – será que ainda o mesmo? O objeto-livro, compreendido como problema complexo, constitui-se como questão para a qual sempre estaremos procurando novas aplicações e recursos: continuamente em busca de novos objetivos, de novas soluções para contextos não previstos, inventando novas estratégias aplicadas a novas práticas (RITTEL; WEBBER, 1973, p. 159).

Ao compreendermos o livro enquanto suporte que integra conteúdo verbal, imagético e gráfico, não podemos esquecer de considerá-lo também enquanto produto de uma cultura material, que na atualidade atende a um modelo industrial capitalista. Produto este, que, ao ser construído por diversos agentes, se constitui na soma das diferentes vozes que abriga. Sendo o objeto-livro composto por diferentes elementos e linguagens – texto, ilustração, projeto gráfico, paratextos etc. –, qualquer modificação em um desses elementos o modifica, e modifica também as possibilidades de construção de significado ofertadas ao leitor durante a experiência de leitura.

A partir dessas reflexões, um caminho possível para se pensar o objeto-livro seria olhar para ele enquanto suporte, veículo ou repositório para a materialização de um pensamento, uma ideia, uma informação, uma narrativa, ou em última instância um enunciado. Mas é necessário compreender que imagens, projeto gráfico e suporte também compõem esse enunciado, influenciando-o e construindo-o de forma conjunta enquanto objeto multimodal, que alcança o intuito de sua criação por meio da interação com o leitor, durante a experiência literária e o ato de leitura.

Dessa forma, defendemos a importância de se pensar o objeto-livro enquanto resultado de um projeto de Design na Leitura, isto é, um projeto interdisciplinar com vistas à fruição do futuro leitor, pensado como ser social e dinâmico, visando ao seu diálogo com o objeto-livro e todas as pessoas participantes de sua produção (LACERDA; FARBIARZ; OLIVEIRA, 2013, p. 68). Enquanto o Design do livro se refere unicamente ao projeto do objeto-livro em si, o Design na Leitura, em ampliação à ideia anterior, é a concepção de um projeto para a mediação do ato de ler.

Na prática, essa interação entre os elementos que compõem o objeto-livro ainda é muito restrita no mercado editorial contemporâneo, seja pela organização do trabalho, pelo hábito, pela hierarquia instaurada, ou mesmo por uma perspectiva conceitual que ainda vigora, visível na predominância do conceito de separação dos campos profissionais. É necessária uma modificação da mentalidade para que se mude a prática, para que se perceba que é exatamente no resultado do trabalho conjunto e do diálogo que pode residir um projeto que estimule a experiência literária, que compreenda e explore a complexidade do objeto-livro, possibilitando o contato do leitor com o caráter humanizador da literatura (CANDIDO, 2004).

Referências

CANDIDO, Antonio. O direito à literatura. In: ___. *Vários Escritos*. 4. ed. reorg. pelo autor. Rio de Janeiro: Ouro sobre Azul; São Paulo: Duas Cidades, 2004.

CARROLL, Lewis. *Alice* – edição comentada. Ilustrações de John Tenniel, introdução e notas de Martin Gardner, tradução de Maria Luiza X. de A. Borges. Rio de Janeiro: Zahar, 2002.

___. *Aventuras de Alice no país das maravilhas*; *Através do espelho e o que Alice encontrou por lá*. Ilustrações de John Tenniel, tradução de

Maria Luiza X. de A. Borges. Coleção Bolso de Luxo. Rio de Janeiro: Zahar, 2009.

____. *Alice no país das maravilhas*. Ilustrações de Luiz Zerbini, tradução de Nicolau Sevcenko. 3. ed. São Paulo: Cosac Naify, 2015a.

____. *Alice através do espelho e o que ela encontrou lá*. Ilustrações de Rosângela Rennó, tradução de Alexandre Barbosa de Souza. São Paulo: Cosac Naify, 2015b.

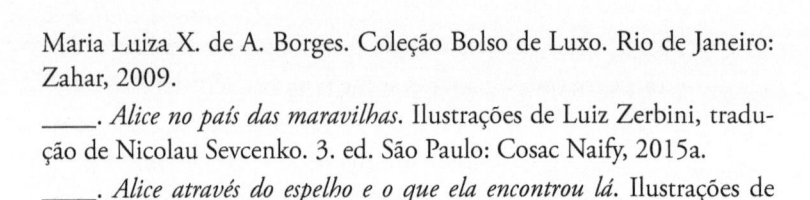

____. *Alice*: edição comemorativa – 150 anos. Ilustrações de Adriana Peliano, tradução de Maria Luiza X. de A. Borges. Rio de Janeiro: Zahar, 2015c.

____. *The Complete Alice*. Ilustrações de John Tenniel. Londres: Macmillan Children's Books, 2015d.

____. *Alice's Adventures Under Ground*. [1864] Disponível em: <http://www.bl.uk/onlinegallery/ttp/alice/accessible/introduction.html>. Acesso em: 13 jan. 2018.

FARIA, Maria Isabel; PERICÃO, Maria da Graça. *Dicionário do livro*: da escrita ao livro eletrônico. São Paulo: Edusp, 2008.

LACERDA, Maíra Gonçalves; Farbiarz, Jackeline Lima. *A formação visual do leitor por meio do Design na Leitura: livros para crianças e jovens*. 2018. 369 f. Tese (Doutorado em Artes & Design) – Departamento de Artes & Design, Pontifícia Universidade Católica do Rio de Janeiro, Rio de Janeiro, 2018.

LACERDA, Maíra Gonçalves; FARBIARZ, Jackeline Lima; OLIVEIRA, Izabel Maria de. *Design na leitura*: uma possibilidade de mediação entre o jovem e a leitura literária. Rio de Janeiro, 2013. Dissertação (Mestrado em Design) – Pontifícia Universidade Católica do Rio de Janeiro.

LACERDA, Maíra Gonçalves; SADDY, Bruna; FARBIARZ, Jackeline Lima. *Livro*: objeto construído na interdisciplinaridade. [No prelo].

LIVRO. In: MICHAELIS. *Moderno dicionário da língua portuguesa*. Disponível em: <http://michaelis.uol.com.br/moderno/portugues/index.php?lingua=portugues-portugues&palavra=livro>. Acesso em: 21 nov. 2015.

MORIN, Edgar. *Introdução ao pensamento complexo*. 4.ed. Porto Alegre: Sulina, 2011.

OAK KNOLL PRESS. *Alice in a world of wonderlands*: the translations of Lewis Carroll's masterpiece. Disponível em: <https://www.oakknoll.

com/pages/books/120410/jon-a-lindseth-general-technical-alan-tannenbaum/alice-in-a-world-of-wonderlands-the-translations-of-lewis-carrolls-masterpiece>. Acesso em: 10 jan. 2018.

RITTEL, Horst W. J.; WEBBER, Melvin M. Dilemmas in a general theory of planning. *Policy Sciences*. Amsterdam, v. 4, n. 2, p. 155-169, jun. 1973.

SMITH, Lane. *É um livro*. Tradução de Júlia Moritz Schwarcz. São Paulo: Companhia das Letrinhas, 2010.

A materialidade da literatura infantil contemporânea: projeto gráfico e paratextos

Hércules Tolêdo Corrêa
Marta Passos Pinheiro
Renata Junqueira de Souza

Em tempos digitais, em que a literatura ganha novos territórios – páginas da *internet, e-readers, tablets, smartphones* –, nunca se falou tanto sobre a materialidade do impresso. O livro, enquanto objeto, possuidor de forma, textura, cheiro, vem sendo estudado em várias áreas do conhecimento, como Artes, Biblioteconomia, Comunicação, Design, Educação, História e Letras. Venerado por pesquisadores e leitores, o livro impresso tem formado uma geração de bibliófilos e acreditar em seu fim, sem dúvida alguma, é ingenuidade, como deixam bem claro Umberto Eco e Jean-Claude Carrière na instigante conversa, intermediada por Jean-Philippe de Tonnac, em *Não contem com o fim do livro* (2010).

Quando se trata dos livros literários para crianças, a materialidade tem ganhado relevante função, por fazer parte, em muitas obras, da narrativa contada. Ela é definida pelos elementos que constituem o projeto gráfico de um livro: tamanho, formato, tipo de papel, tipografia e diagramação do texto escrito e das ilustrações nas páginas.

O trabalho elaborado com a materialidade da obra aproxima os livros "para crianças" da proposta encontrada no livro de artista de edição. Milene Brizeno Chalfum (2018) caracteriza esse tipo de livro de artista, aproximando-o dos livros ilustrados da literatura infantil e apresentando uma discussão sobre a terminologia "livro de artista para crianças." Para a pesquisadora, existe uma correspondência essencial entre eles: "a edição, impressão e reprodução do livro sob sua forma tradicional, o códice." Chalfum também destaca como equivalência o fato de as duas obras serem "geneticamente híbridas", "bastante diversificadas" e estarem "em constante mutação" (CHALFUM, 2018, p. 42-43).

O hibridismo citado por Chalfum (2018) pode ser observado no caráter intermídia presente em muitas obras infantis caracterizadas como "livro ilustrado." Como destaca Pinheiro: "o surgimento do livro ilustrado foi influenciado pelo forte diálogo que se estabeleceu, a partir do século XX, entre as artes visuais e a edição de livros. Esse livro, diferentemente do livro com ilustração (...), é caracterizado pelo diálogo intermídia" (PINHEIRO, 2018, p. 139).

O conceito de intermídia, concebido em 1966 pelo poeta, compositor e tipógrafo inglês Dick Higgins, expressa a "inter-relação orgânica entre diferentes formas artísticas e seus significados estéticos, reunidos em um mesmo modo de representação." (LONGHI, 2002, p. 2). Dessa forma, enquanto nos livros com ilustrações "a palavra pode prescindir da imagem" (RAMOS, 2013, p. 52), nos livros ilustrados isso não ocorre, uma vez que existe uma "inter-relação orgânica" entre linguagem verbal e visual. Assim, a materialidade dos livros começa a ser pensada como um dos elementos dessa inter-relação.

Neste texto, apresentamos uma breve discussão sobre a materialidade da literatura infantil contemporânea, abordando alguns elementos referentes ao projeto gráfico e aos paratextos de três livros ilustrados premiados: dois de autores brasileiros, publicados no Brasil, e um de autora portuguesa, publicado em Portugal, país que utiliza para esse tipo de livro a expressão "álbum ilustrado." Trata-se das obras: *Um dia, um rio*, de Leo Cunha e André Neves; *A quatro mãos*, de Marilda Castanha; e *Mana*, de Joana Estrela.

Projeto gráfico e paratextos como linguagem

O projeto gráfico pode ser comparado à arquitetura do livro, como salienta o premiado *designer* Richard Hendel ao explicitar o que os *designers* de livros fazem:

Os *designers* estão para os livros assim como os arquitetos estão para os edifícios. Os *designers* escrevem especificações para fazer livros do mesmo modo que os arquitetos escrevem-nas para construir edifícios. Mesmo o detalhe mais aparentemente trivial precisa ser decidido, e são exatamente essas minúcias que tornam bem-sucedido um *design*. (HENDEL, 2003, p. 33)

O designer gráfico que projeta livros é um arquiteto de objetos de ler palavras e imagens, levando em consideração que palavras também são imagens, assim como as ilustrações. Elas possuem forma em seus traços e tamanhos – materialidade que carrega significado e que, quando intencionalmente planejada, contribui para a construção de sentido da obra. Sendo assim, podemos compreender o projeto gráfico como parte importante da linguagem das obras infantis contemporâneas.

Em trabalho pioneiro sobre a ilustração do livro infantil, Luís Camargo define projeto gráfico como:

> o planejamento de qualquer impresso: cartaz, embalagem, folheto, jornal, revista etc. No caso do livro, o projeto gráfico abrange: formato, número de páginas, tipo de papel, tipo e tamanho das letras, mancha (a parte impressa da página, por oposição às margens), diagramação (distribuição de texto e ilustrações), encadernação (capa dura, brochura etc.), o tipo de impressão (tipografia, *offset* etc), número de cores de impressão etc. (CAMARGO, 1995, p. 16)

Vários pesquisadores, como Moraes (2008) e Ramos (2013), têm apontado o projeto gráfico como constituinte da narrativa de muitos livros infantis contemporâneos, que seria, assim, formada pelo tripé: texto escrito, ilustração e projeto gráfico. O profissional responsável por esse projeto, cujo nome nem sempre consta nas informações presentes no livro, não raro pode ser o próprio autor das ilustrações e/ou do texto escrito.

É importante ainda considerar que, além do projeto gráfico, o livro apresenta um projeto editorial, cuja responsabilidade cabe ao editor. Fazem parte desse projeto algumas importantes decisões referentes à presença ou não de apresentação, textos na quarta capa e orelhas, folhas de guarda, informações sobre autores ou mesmo notas de rodapé, raramente encontradas em livros infantis. É comum nos referirmos a esse projeto dentro do conjunto "projeto gráfico-editorial", que envolve as duas partes aqui abordadas, ou mesmo considerar o primeiro dentro do segundo, ou seja, o termo projeto editorial abarca também o projeto gráfico.

Podemos afirmar que o livro é um objeto com muitas camadas de linguagem. Uma dessas camadas é o seu projeto gráfico-editorial e nele podemos identificar, além dos elementos textuais (verbais e visuais), elementos pré-textuais, como capa, folha de guarda, ficha catalográfica, folha de rosto, e elementos pós-textuais, como índice e quarta capa.

É importante ainda levar em consideração que existem variações na forma de conceber essas nomenclaturas. Emanuel Araújo (2008), referência para as várias áreas que se dedicam à bibliologia, considera capas e orelhas (dobras da primeira e quarta capas dos livros de brochura – com "capa mole") como elementos extratextuais.

Esses elementos, segundo a definição proposta por Gérard Genette (2009), caracterizam-se como um tipo específico de paratexto: peritextos editoriais, textos que acompanham o texto principal, seja este verbal, visual ou verbo-visual, como o que costuma estar presente em muitos livros infantis contemporâneos.

> Denomino peritexto editorial toda a zona do peritexto que se encontra sob a responsabilidade direta e principal (mas não exclusiva) do editor, ou talvez, de maneira mais abstrata porém com maior exatidão, da *edição*, isto é, do fato de um livro ser editado, e eventualmente reeditado, e proposto ao público sob uma ou várias apresentações mais ou menos diferentes. A palavra *zona* indica que o traço característico desse aspecto do paratexto é essencialmente espacial e material; trata-se do peritexto mais exterior:

a capa, a página de rosto e seus anexos; e da realização material do livro (...): escolha do formato, do papel, da composição tipográfica etc. (GENETTE, 2009, p. 21)

Podemos observar que os paratextos peritextuais que constituem a obra podem ser modificados quando o livro ganha uma nova edição e eles abrangem também decisões referentes ao projeto gráfico do livro, como formato, papel e tipografia. Sendo assim, para Genette, o projeto gráfico faz parte dos elementos paratextuais de uma obra.

Pesquisas recentes (GROSSI, 2018; TARACHUK, 2018) sobre recepção dos livros literários pelas crianças têm mostrado a importância dos paratextos (dentre eles o projeto gráfico) como critério de seleção dos livros pelas crianças. O primeiro paratexto que chama a atenção do leitor é a capa, geralmente elaborada em função do texto literário, podendo apresentar elementos visuais presentes no interior do livro. De acordo com Carvalho:

> Ao reclamar a capa como uma consequência directa do conteúdo, sugere-se que esta ultrapassa as suas funções práticas de protecção, informação e promoção do livro. A continuidade que é muitas vezes procurada entre capa e miolo do livro (...) leva mais longe a ligação entre o aspecto gráfico e o conteúdo, tentando que o livro se torne numa narrativa contínua que interligue a dimensão visual e a escrita. (CARVALHO, 2008, p. 71)

Dessa forma, as capas atualmente não têm somente a função de preservar o miolo do livro. Elas possuem o importante papel de despertar o interesse do leitor e estimular a leitura, podendo antecipar ou continuar, visual e verbalmente, a narrativa contada, contribuindo, assim, como destacam Maria Nikolajeva e Carole Scott (2011), para a significação da obra. De acordo com Alan Powers, a capa "cumpre um papel no processo de envolvimento físico com o livro, pois, embora não se possa olhá-la enquanto se lê, ela o define como objeto a ser apanhado, deixado de lado e talvez conservado ao longo do tempo". (POWERS, 2008, p. 7)

Nos livros infantis, o mesmo acontece com os demais elementos paratextuais que fazem parte do livro, como as folhas de guarda[1] (ou simplesmente guardas), as falsas folhas de rosto, as folhas de rosto (também chamadas de anterrosto, frontispício ou falso rosto) e as orelhas. A seguir apresentamos e analisamos alguns elementos paratextuais de três livros ilustrados premiados, sendo dois brasileiros e um português.

Paratextos de livros ilustrados premiados

Uma interessante configuração da capa é observada em *Um dia, um rio,* de Leo Cunha (texto escrito) e André Neves (ilustrações ou texto visual), publicado pela Pulo do Gato e premiado, em 2017, pela Fundação Nacional do Livro Infantil e Juvenil na categoria Poesia *hors-concours.*

Figura 1 – Capa da obra *Um dia, um rio*

Nesse livro, a capa e a quarta capa são dobradas em largas orelhas, praticamente da mesma largura do livro, o que não apenas reforça a espessura da capa como permite o aumento de sua extensão. Quando abertas, as orelhas formam com a capa e quarta capa uma única

---

[1] As folhas de guardas surgiram com a função de fixar a capa do livro de capa dura a seu miolo.

imagem. O mesmo ocorre com as imagens presentes na segunda e terceiras capas, que correspondem ao verso da capa e da quarta capa, respectivamente. Dessa forma, o livro em formato "retrato", tamanho 21,5cm x 27 cm[2], torna-se "paisagem", com o tamanho de 41,8 cm x 27 cm, o que confere maior destaque à imagem.

A capa, marrom avermelhada, lembrando cor de lama, apresenta a imagem de um menino de olhar triste e movimentos contidos, parecendo não conseguir sair da prisão provocada pelo rio que se transformou em lama. Na leitura do poema narrativo, descobrimos que essa imagem do menino está associada ao eu poético que conta a história.

Quando abrimos a orelha, encontramos, do lado inferior direito, uma epígrafe com um texto de Fernando Pessoa e a dedicatória: "Ao Rio Doce..." No verso dessa imagem (segunda capa e verso da primeira orelha), em seu lado interno, encontramos o mesmo marrom, a mesma lama, com um elemento dissonante: uma torneira, no canto esquerdo da página, de onde sai água cristalina (azul), o que nos remete à limpeza, à esperança de um dia a água limpa voltar a prevalecer sobre a lama.

Na narrativa, a imagem da torneira saindo de um pequeno recipiente cilíndrico repleto de água azul acompanha o eu poético, o menino rio (ou o rio menino). Ali está, podemos interpretar, sua essência, sua natureza cristalina, que lutará contra a lama, nos dando a esperança de que um dia renascerá.

Na quarta capa, essa esperança se realiza: em tom azul piscina, ela apresenta parte do corpo do menino, nadando com um patinho amarelo na mão. Abaixo da imagem, a informação: "Um lamento, um grito tardio de socorro, uma homenagem ao Rio Doce e a todos os rios que banham, alimentam e enriquecem nossas terras e nossa história." Na orelha, encontram-se as informações sobre escritor e ilustrador e, no verso da quarta capa, um

---

[2] Estamos utilizando como referência o que é proposto por Hendel (2003, p. 35): "o primeiro número é a largura e o segundo, a altura".

azul com nuances claras e escuras, que lembram um rio, e uma torneira no canto superior direito fechada.

A esperança de um dia o azul do rio sobrepor-se ao marrom avermelhado da lama é a mensagem que finaliza o livro, na terceira e quarta capas. Na luta entre rio e lama, o primeiro saiu vitorioso. Ao menos na ficção...

O livro português *Mana*, com texto escrito e ilustração de Joana Estrela, é a obra que selecionamos para exemplificar um interessante trabalho com as folhas de guarda no livro infantil. Essa obra foi publicada pelo Planeta Tangerina e indicada, em 2015, pelo Plano Nacional de Leitura de Portugal, além de ser a ganhadora, no mesmo ano, do I Prêmio Internacional de Serpa para Álbum Ilustrado.

Figura 2 – Capa da obra *Mana*

Esse livro destaca-se não apenas pelo interessante diálogo entre texto escrito e visual, como declarou o próprio júri do concurso citado[3], mas também pela forma como as ilustrações estão dispostas em suas folhas de guarda.

---

[3] "O júri considerou o projeto "Mana" um bom exemplo da vertente camaleónica que os álbuns ilustrados podem assumir, ao revelar a capacidade de absorver uma grande variedade de linguagens, tanto ao nível das imagens como das palavras." Informação retirada do site da editora Planeta Tangerina. Disponível em: <https://www.planetatangerina.com/pt/noticias/projeto-mana-de-joana-estrela-vence-i-premio-internacional-de-serpa-para-album-ilustrado>. Acesso em: 13 mar. 2019.

Na primeira guarda, logo ao abrir o livro, o leitor depara-se com vários brinquedos organizados um ao lado do outro: bonecos, bola, lápis de cor, bule e xícara, matrioska (boneca russa), entre outros. Já a guarda final apresenta os mesmos brinquedos em outros lugares: uns interagindo com outros – como o gato tentando entrar em uma gaiola de passarinho e o soldado montado no elefante – e alguns quebrados ou desmontados, como a xícara partida e a matrioska "aberta". O leitor poderá considerar a capa do livro, que apresenta duas garotas brigando, puxando o cabelo uma da outra, e inferir, a partir do título "Mana", que a narrativa aborda a relação entre duas irmãs, provavelmente as donas dos brinquedos.

Figura 3 – Primeira folha de guarda da obra *Mana*

Olhando apenas a guarda final, podemos inferir que as irmãs brigam pelos mesmos brinquedos, destruindo alguns, ou deixando neles o rastro de sua brincadeira, já que eles não se encontram nos mesmos lugares.

Figura 4 – Segunda folha de guarda da obra *Mana*

Podemos observar também que os brinquedos parecem ganhar vida e o que os define como tal é o ato de brincar. A guarda final nos leva a entender que houve uma "interação" entre os brinquedos. O leitor pode interpretar que as irmãs brigaram por eles, ou que, finalmente, brincaram tanto que até os misturaram. Parados, organizados, guardados, os brinquedos não passam de objetos, podendo possuir, inclusive, uma função decorativa. A interação entre alguns brinquedos, que na primeira folha de guarda apareciam separados, pode representar ainda a interação entre as duas irmãs. Essa interpretação é corroborada pela leitura da narrativa, uma carta de reclamação da irmã mais velha para a mais nova, que também pode ser compreendida como uma carta de amor.

Outro trabalho interessante com as folhas que antecedem a narrativa está presente no livro *A quatro mãos*, escrito e ilustrado pela mineira Marilda Castanha e editado pela Companhia das Letrinhas. Essa obra ganhou o prêmio da Fundação Nacional do Livro Infantil e Juvenil (FNLIJ) em 2018 (produção 2017), na categoria Criança *hors-concours*. Sem capa dura, orelhas e folhas de guarda, elementos que, a despeito de terem sua importância para o objeto livro, também o encarecem, o valor maior dessa obra está no seu projeto gráfico. Além de contribuir para a construção da narrativa, o projeto inova ao trazer para as partes consideradas pré-textuais a apresentação dos personagens por meio da ilustração. Não há indicação específica de autoria do projeto gráfico, constando apenas a orientação de que o tratamento das imagens foi feito por M. Gallego – Estúdio de Artes Gráficas. Acreditamos que a inovação nos paratextos foi pensada pela própria autora. Para melhor compreensão das imagens presentes nesses paratextos, analisaremos primeiramente a capa do livro.

Como porta de entrada da obra, sua capa, cor de terra rosada, com marcas de textura da pintura, apresenta a imagem de um homem de mãos dadas com uma menina, ambos de costas, caminhando em direção ao infinito. Essa imagem, reprodução espelhada de uma cena do interior da narrativa, nos dá a impressão de que a dupla vai entrar no livro e pode ser entendida como um convite para que o leitor entre também.

Figura 5 – Capa da obra *A quatro mãos*

O homem usa um chapéu de palha, blusa verde listrada, calça azul e, em uma das mãos, segura uma sacola estampada. A menina, de vestido branco de bolinhas vermelhas e sapatos brancos, tem o rosto voltado para o homem, de modo que é possível enxergarmos seu semblante feliz observando a mão que segura a sua.

Alguns elementos da capa despertam curiosidade: o homem "sem rosto" (de costas), a sacola estampada, o lugar para onde homem e menina seguem. O título da obra, ao lado da imagem, pode fazer o leitor associar as quatro mãos às das duas personagens que já na capa aparecem. Sendo assim, esses elementos criam determinadas expectativas no leitor, possibilitam o levantamento de hipóteses de leitura que devem ser testadas por ele ao longo de seu caminhar pelo texto.

Logo após a folha de rosto, cujo verso apresenta a ficha catalográfica, encontra-se, na página da direita (parte do livro referente à dedicatória), a imagem de um balão verde de gás, solto, ocupando o canto superior direito. O verde do balão é o mesmo verde da camisa do homem, na capa, que dá a mão à menina. Dessa forma, podemos supor que a dedicatória é feita por uma metáfora visual, o balão (o homem?), que se desprende das mãos que o seguravam para ganhar o espaço, representando o afastamento ou a partida de pessoas queridas, como poderá ser inferido com o desenrolar da narrativa.

O livro tematiza uma história de vida, marcada pelo amor de cuidadosas mãos paternas e pela efemeridade das mãos inexoráveis do tempo. Destaca-se na obra o jogo linguístico com a palavra "mãos", que adquire uma grande carga simbólica na narrativa, contada não apenas pelo texto escrito, de linguagem enxuta, rica em conotações, mas também pelas expressivas e coloridas ilustrações em página dupla. É por meio destas, na página seguinte à que aparece o balão, que o leitor passa a conhecer os personagens da história: a menina, de mãos dadas com seus prováveis pais, parecendo apresentá-los ao leitor: à esquerda, a mãe; à direita, o pai.

Figura 6 – Imagem da apresentação dos personagens em *A quatro mãos*

Nas duas páginas duplas que se seguem, essa ilustração é reproduzida em perspectivas diferentes, em uma espécie de *zoom*, tornando mais próxima a imagem do homem de blusa verde, o pai da protagonista. Trata-se das seguintes páginas: a primeira página dupla apresenta, do lado esquerdo, uma dedicatória a Henrique Castanha, pai da autora do livro, e, do lado direito, o *zoom* no corpo do pai; a segunda apresenta, do lado direito, uma epígrafe contendo os dois primeiros versos do poema "Sentimento do mundo", de Carlos Drummond de Andrade: "Tenho duas mãos e o sentimento do mundo." Logo abaixo da epígrafe, o *zoom* é feito na imagem da mão esquerda do pai segurando uma sacola estampada, de onde, na narrativa, saem "memórias de uma vida inteira!" Vale lembrar que, por uma convenção devida ao modo de leitura ocidental, as páginas da direita são aquelas para as quais nosso olhar se volta primeiramente e, portanto, as que apresentam as "informações" mais relevantes. Sendo assim, a localização dessas imagens indica que o pai e a sacola de mão têm um papel fundamental na narrativa.

O fato de essas páginas apresentarem personagens da obra nos leva a pensar que a narrativa talvez tenha começado. Contudo, após essa sequência de páginas, encontramos a imagem do homem e da mulher (aparentemente grávida) em frente a uma casa, com uma mala ao lado. O texto escrito é iniciado – "Para viver uma história em primeira mão é preciso..." – e o leitor passa a supor que é a partir desse momento que a história será contada. Se considerarmos que a apresentação dos personagens também faz parte da história, a narrativa foi iniciada nos paratextos da obra, pelo texto visual. Sendo assim, o paratexto torna-se texto e as convenções tradicionais referentes às partes dos livros e suas funções são rompidas. O livro infantil contemporâneo está na vanguarda desse rompimento.

Considerações finais

Como pudemos observar nas análises apresentadas, os elementos paratextuais do livro infantil têm sido explorados de forma criativa. Assim destacam Silva e Souza:

> Tais paratextos, quando bem pensados e construídos, contribuem para a atribuição de sentido do texto que está para ser lido. Leitores fazem inferências a respeito das imagens da capa, tentando descobrir o tema, as personagens e alguns indícios visuais ajudam nas previsões sobre a história em si. (SILVA e SOUZA, 2016, p. 77)

Além de estimular o leitor a levantar hipóteses de leitura sobre o texto, atitude realizada por todo leitor proficiente, os paratextos de muitos livros infantis inovam em relação à função que tradicionalmente é atribuída a eles, como pudemos observar nas orelhas, segunda e terceira capas de *Um dia, um rio,* de Leo Cunha e André Neves, nas folhas de guarda do livro português *Mana,* de Joana Estrela, e nas folhas de dedicatória e epígrafe de *A quatro mãos,* de Marilda Castanha.

Os paratextos podem ser caracterizados como importantes elementos do projeto gráfico-editorial dos livros infantis. Sua autoria, geralmente de responsabilidade de uma equipe de profissionais – como editores, *designers*, escritores, ilustradores –, nos mostra que "um galo sozinho não tece a manhã." Torna-se visível a diferença entre texto e livro, a manhã tecida por todos e que, tal qual no famoso poema de João Cabral de Melo Neto, se ergue em tenda, "onde entrem todos." No caso do livro de literatura infantil, "todos" inclui também crianças e adultos, leitores de todas as idades.

Dessa maneira, o projeto gráfico dos livros infantis tem contribuído para a ampliação de seu público leitor. As metáforas visuais presentes nas obras, construídas pelas ilustrações e projeto gráfico, enriquecem a narrativa, tornando-a composta por diversas camadas de significado que podem ser lidas em diferentes profundidades. Talvez esteja na hora de repensarmos o adjetivo "infantil" ou o direcionamento "para crianças" presentes nessas obras. Denominações novas aparecem no mercado constantemente e não ficaremos admirados se o público adulto leitor desse tipo de obra for enquadrado em categorias como "adultos crianças" e "novas crianças"... Seja qual for a denominação empregada, nós, pesquisadores e leitores apaixonados por esses livros, temos o mesmo direito das crianças, defendido por Odilon Moraes: "o direito de se demorar nas páginas" (2019). E acrescentamos o direito de ser mais um galo que tece a manhã (o livro) com fios de sol: um pouco de nossas leituras.

Referências:

ARAÚJO, Emanuel. *A construção do livro*. Rio de Janeiro: Lexikon, 2008.

CAMARGO, Luís. *A ilustração do livro infantil*. Belo Horizonte: Lê, 1995.

CARRIÈRE, Jean-Claude; ECO, Umberto. *Não contem com o fim do livro*. Rio de Janeiro: Record, 2010.

CARVALHO, Ana Isabel Silva. *A capa do livro:* o objecto, o contexto, o processo. 2008. 98f. Dissertação (Mestrado em *Design* da Imagem) – Faculdade de Belas Artes, Universidade do Porto, Porto, 2008. Disponível em: <http://mdi.fba.up.pt/investigacao/anacarvalho.pdf>. Acesso em: 19 mar. 2019.

CASTANHA, Marilda. *A quatro mãos*. São Paulo: Companhia das Letrinhas, 2017.

CHALFUM, Milene Brizeno. *Artes visuais, literatura infantil e a educação nos livros de artista para crianças*. 2018. 236 f. Dissertação (Mestrado em Educação) – Faculdade de Educação, Universidade Federal de Minas Gerais, Programa de Pós-Graduação em Educação: Conhecimento e Inclusão Social, Belo Horizonte, 2018. Disponível em: <http://www.bibliotecadigital.ufmg.br/dspace/handle/1843/BUOS-B5THCS>. Acesso em: 19 de mar. 2019.

CUNHA, Leo; NEVES, André. *Um dia, um rio*. São Paulo: Pulo do Gato, 2016.

ESTRELA, Joana. *Mana*. Carcavelos: Planeta Tangerina, 2016.

GENETTE, Gérard. *Paratextos editoriais*. São Paulo: Ateliê Editorial, 2009.

GROSSI, Maria Elisa de Araújo. *A literatura infantil pelo olhar da criança*. 2018. 251 f. Tese (Doutorado em Educação) – Faculdade de Educação, Universidade Federal de Minas Gerais, Programa de Pós-Graduação em Educação: Conhecimento e Inclusão Social, Belo Horizonte, 2018. Disponível em: <http://www.bibliotecadigital.ufmg.br/dspace/handle/1843/BUOS-BA7M7M>. Acesso em: 19 mar. 2019.

HENDEL, Richard. *O Design do Livro*. Cotia: Ateliê Editorial, 2003.

LONGHI, Raquel Ritter. Intermedia, ou para Entender as Poéticas Digitais. In: CONGRESSO BRASILEIRO DE CIÊNCIAS DA CO-

MUNICAÇÃO, 25., 2002, Salvador. *Anais...* Salvador: INTERCOM – Sociedade Brasileira de Estudos Interdisciplinares da Comunicação, 2002.

MORAES, Odilon. O projeto gráfico do livro infantil e juvenil. In OLIVEIRA, Ieda de. (Org.) *O que é qualidade em ilustração no livro infantil e juvenil:* com a palavra o ilustrador. São Paulo: DCL, 2008.

MORAES, Odilon. Quais são os direitos do pequeno leitor? Blog das Letrinhas, Seção Está no Papo. 2017. Disponível em:<http://www.blogdaletrinhas.com.br/conteudos/visualizar/Quais-sao-os-direitos-do-pequeno-leitor>. Acesso em: 5 mar. 2019.

NIKOLAJEVA, Maria; SCOTT, Carole. *Livro ilustrado: palavras e imagens.* Tradução de Cid Knipel. São Paulo: Cosac Naify, 2011.

PINHEIRO, Marta Passos. O diálogo entre texto escrito, ilustração e projeto gráfico em livros de literatura infantil premiados. In: OLIVEIRA, Luiz Henrique Silva de; MOREIRA, Wagner (Orgs.). *Edição e crítica.* Belo Horizonte: CEFET-MG, 2018.

POWERS, Alan. *Era uma vez uma capa.* Tradução de Otacílio Nunes. São Paulo: Cosac Naify, 2008.

RAMOS, Graça. *A imagem nos livros infantis*: caminhos para ler o texto visual. Belo Horizonte: Autêntica, 2013.

SILVA, Kenia Adriana A. Modesto; SOUZA, Renata Junqueira de. Os significados dos paratextos, da narrativa e das ilustrações: a mediação e a formação do leitor literário. Revista *Cerrados* (online), Brasília, v. 25, p. 76-93, 2016. Disponível em: <http://periodicos.unb.br/index.php/cerrados/login?source=%2Findex.php%2Fcerrados%2Fissue%­2Fview%2F1523%2FshowToc>. Acesso em: 19 mar. 2019.

TARACHUK, Diana Lima. *A vez e a voz do leitor literário:* aplicação do método recepcional no ensino fundamental I. 2018. 224 f. Dissertação (Mestrado em Educação) – Faculdade de Educação, Universidade Federal do Paraná, Programa de Pós-Graduação em Educação: Teoria e prática de ensino, Curitiba, 2018. Disponível em: <https://acervodigital.ufpr.br/bitstream/handle/1884/57867/R%20-%20D%20-%20DAIANA%20LIMA%20TARACHUK.pdf?sequence=1&isAllowed=y>. Acesso em: 19 mar. 2019.

Retrato da literatura quando jovem: uma análise de *Catálogo de perdas*

Guilherme Trielli Ribeiro
Jéssica M. Andrade Tolentino
Marília Scaff Rocha Ribeiro

A arte de perder não é nenhum mistério;
Tantas coisas contêm em si o acidente
De perdê-las, que perder não é nada sério.
Elizabeth Bishop, "A arte de perder"[1]

"Os jovens de hoje não leem", postulam os mais alarmistas. A máxima, que há algumas décadas vem sendo repetida no mundo ocidental, rapidamente ganha adeptos. Enquanto, no século XX, alguns já preconizavam a ameaça da televisão para a leitura de livros, no século XXI a massificação das tecnologias digitais parece decretar o fim da leitura no papel.

Apesar disso, nunca se produziu tantos livros como agora no Brasil e no mundo. E o segmento infantil e juvenil, contra todos os prognósticos, permanece em franco crescimento, conforme pesquisas realizadas pela Câmara Brasileira do Livro (CBL) e pelo Sindicato Nacional de Editores de Livros (SNEL)[2]. Cresceu também o número de editoras e selos dedicados ao setor. De acordo com levantamento feito por Juliana Bernardes Tozzi (2011),

---

[1] Elizabeth Bishop, "One Art" from *The Complete Poems 1926-1979* (Farrar, Straus and Giroux, 1983): *The art of losing isn't hard to master; / so many things seem filled with the intent / to be lost that their loss is no disaster.* Tradução de Paulo Henriques Britto.

[2] Pesquisa "Produção e Vendas do Setor Editorial Brasileiro". Disponível em: <https://snel.org.br/pesquisas/>. Acesso em: 15 mar. 2019.

entre 1980 e 2008 surgiram cerca de 120 novas editoras com esse perfil no Brasil, o que corresponde a um aumento de 76%.

Também é notório o aumento de eventos, congressos, pesquisas, cursos de especialização, graduação e pós-graduação dedicados aos livros para crianças e jovens. A intensa movimentação atesta o desenvolvimento desse campo cultural, seja do ponto de vista da criação, da produção, da circulação e da crítica.

A grande expansão do setor implicou não apenas o aumento do número de títulos e exemplares publicados, mas também uma mudança na natureza das obras. Dentre essas mudanças, destacamos a integração entre texto verbal e elementos visuais, tais como ilustrações e projetos gráficos arrojados.

O diálogo com a linguagem visual, já tradicional na literatura infantil, só recentemente foi incorporado à produção editorial destinada aos jovens. As razões para esse investimento tardio são diversas, muitas delas extraliterárias. No senso comum, consolidou-se a ideia de que as ilustrações, enquanto elementos narrativos, pertencem exclusivamente aos livros infantis e, à medida que crescem os leitores, diminuem as imagens e aumentam os textos.

Entretanto, com a crescente importância da visualidade nas sociedades contemporâneas, essa noção parece haver entrado em franco declínio. É possível observar o fortalecimento da junção entre textos verbais e imagéticos nos livros destinados aos jovens. Romances, contos, crônicas e poemas, inéditos ou reeditados, ganham força com a incorporação de ilustrações e de projetos gráficos inovadores, abrindo, assim, novas possibilidades de criação e expressão literária.

Como observam Gilles Lipovetsky e Jean Serroy, há uma tendência geral ao investimento no apelo visual dos bens de consumo. De acordo com os filósofos, o que define o capitalismo na era do hiperconsumo é o seu modo de produção estético. "O estilo, a beleza, a mobilização dos gostos e das sensibilidades se impõem cada dia mais como imperativos estratégicos das marcas." (LIPOVETSKY; SERROY, 2015, p. 13)

Os livros, embora muito se relute em admitir, também estão inseridos no modo de produção capitalista e, portanto, são sujeitos a essas tendências. Autores e editores parecem se dar conta de que a aproximação com a linguagem visual, tão comum em nosso tempo, é capaz de exercer maior atração sobre os jovens leitores, acostumados à exposição excessiva às imagens.

Quer por ordem do consumo ou por inventividade artística (ou ambos, numa perspectiva dialética), não podemos negar que os elementos visuais – sejam as ilustrações ou os elementos ligados ao projeto gráfico-editorial, como tipografias, cores, formatos, papéis e acabamentos gráficos – acrescentam significados à leitura, atuando como modos de expressão semântica.

A fim de compreender o papel dos elementos visuais na caracterização de uma obra como juvenil, faremos a análise do livro *Catálogo de perdas*, de João Anzanello Carrascoza e Juliana Monteiro Carrascoza (SESI-SP Editora). A obra foi premiada, em 2018, pela Fundação Nacional do Livro Infantil e Juvenil (FNLIJ) nas categorias "Jovem" e "Melhor Projeto Editorial". Buscaremos explorar as dimensões narrativas e materiais do livro e discuti-las dentro do contexto das publicações para jovens no Brasil.

Catálogo de perdas e a literatura para jovens

Catálogo de perdas, de autoria de João Anzanello Carrascoza e Juliana Monteiro Carrascoza, é uma obra composta por quarenta pequenas narrativas contadas por personagens marcados pela experiência da perda. Às histórias narradas, somam-se fotografias em preto e branco concebidas a partir de colagens de objetos insólitos (um balão, uma cadeira de balanço, um celular, um copo d'água, uma coroa de flores, um elástico...) e personagens retirados de velhos retratos, de um álbum antigo de família.

O livro foi premiado, em 2018, pela FNLIJ, como a melhor obra juvenil do ano. Nesse mesmo ano, *Catálogo de perdas* esteve entre os finalistas do Prêmio Jabuti na categoria "Conto". No entanto, a obra se esquiva quando tentamos classificá-la a partir do endereçamento a uma faixa etária específica ou a partir de um gênero literário único, oferecendo-se, a um só tempo, como livro de contos, catálogo, coleção de relatos de memória, um livro de fotomontagens. No livro, os contos encontram-se entrelaçados e confundidos com outros gêneros: microconto, testemunho, relato de memória, anedota, abecedário. A própria linguagem híbrida de que se constitui a obra – imagens e palavras – pode nos levar a vislumbrá-la como um livro ilustrado ou até mesmo como uma obra de referência, um catálogo, espécie de memória das obras expostas em um museu.

Ao que tudo indica, portanto, não é imperativo decidir se *Catálogo de perdas* se configura como um tipo específico de obra literária, mas sim destacar o caráter indefinido, indeciso e plural que a faz pulsar. Indefinição e diversidade, aliás, provavelmente participam da mesma rede simbólica implicada no diálogo entre as narrativas verbais e as fotografias, o que nos lembra o fenômeno contemporâneo do apagamento ("perda") de fronteiras muito rígidas entre os gêneros discursivos. Trata-se, portanto, de um livro que lança mão de signos de diversas procedências semióticas para produzir um território textual movente e indeterminado. Desse modo, o leitor é convidado a se deslocar em meio a texturas sígnicas híbridas e instáveis.

A partir do momento em que *Catálogo de perdas* é premiado na categoria juvenil, consideramos que novas trilhas de leitura são abertas, uma vez que o incluir formalmente nessa categoria movimenta comparações com outros livros endereçados a jovens e levanta questões específicas da recepção de textos juvenis. Não temos como afirmar se, efetivamente, o livro é lido por jovens, mas é importante discutir quais elementos poderiam ter levado à premiação nessa categoria específica.

Uma primeira observação evidencia que a obra vai contra uma concepção corrente de literatura juvenil que considera o jovem como um refém da velocidade das mídias e incapaz de atuar fora dessa perspectiva. Segundo Maria Zaira Turchi, "A natureza específica do juvenil pede uma narrativa que envolva e prenda esse leitor adolescente, agitado, tomado pelos avanços da informática e pela velocidade da mídia" (TURCHI, 2002, p. 29). Imagina-se, assim, que o leitor adolescente se sinta atraído exclusivamente por narrativas velozes, editadas tal qual o cinema de ação ou jogos interativos. *Catálogo de perdas*, no entanto, vai na contramão dessa tendência, ao demandar uma desaceleração de leitura, uma atenção aos detalhes que se furtam em uma leitura apressada, como abordaremos adiante.

A configuração da capa revela ao leitor, de antemão, o caráter híbrido e lacunar das narrativas. A página dobrada possui um corte transversal que deixa entrever, ao fundo, a fotografia em preto e branco e, simultaneamente, à frente, o texto verbal em que são apresentados o título da obra e os nomes dos autores. Não há especificação da autoria do texto escrito nem das imagens, o que revela um equilíbrio entre as duas instâncias e a integração de ambas as linguagens. Somente no interior do livro é que as autorias são especificadas: os contos são atribuídos a João Anzanello Carrascoza e as fotografias são de Juliana Monteiro Carrascoza.

Ao lermos *Catálogo de perdas*, nos deparamos com a seguinte configuração: na página da esquerda, encontra-se o título da narrativa (sempre um substantivo designando o objeto que remete à história narrada); na página da direita, uma folha dobrada na qual se lê o texto verbal. Ao desdobrá-la, passamos a observar uma fotomontagem construída a partir da interação entre objetos, fotografias antigas e sombras. A alternância entre palavras e imagens é explicada em um dos paratextos do livro: "*Catálogo de perdas* se inspira no acervo do *Museum of Broken Relationships* (Zagreb, Croácia), que reúne em exposições temporárias relatos e objetos enviados por pessoas do mundo inteiro – símbolos catalisadores de suas relações 'partidas'".

O projeto gráfico nos conduz a um determinado ritmo de leitura. Ao virarmos as páginas, somos colocados diante da possibilidade de desfazer a dobradura em que repousa a narrativa e passear pelas fotografias antes de lermos os textos literários. Aliás, esse é provavelmente o movimento geral realizado pelos leitores, pois a ocultação das fotografias provocada pelas dobraduras nutre a curiosidade do leitor, enquanto o abrir e fechar das páginas, por sua vez, introduz na leitura um padrão rítmico que traz à tona o princípio da perda ou o princípio do *ou isto ou aquilo*, utilizado de modo inventivo por Cecília Meireles em um de seus livros endereçados à infância. Ao abrirmos *Catálogo de perdas*, lemos a narrativa e não vemos a imagem ou vemos a imagem e não lemos a narrativa. A ausência de simultaneidade, nesse caso, instaura um outro ritmo de leitura, que convida o leitor a se lançar a um desvelamento gradual da obra e não a uma leitura marcada pela velocidade e pelo acúmulo de informações.

É interessante notar que as próprias fotos de álbuns de família, incluídas nas montagens com os objetos do *Catálogo*, apontam para a perda, para a ausência. Susan Sontag considera a tradição de confeccionar álbuns de família uma experiência em vias de esquecimento:

> A fotografia se torna um rito da vida em família exatamente quando, nos países em industrialização na Europa e na América, a própria instituição da família começa a sofrer uma reformulação radical. Ao mesmo tempo que essa unidade claustrofóbica, a família nuclear, era talhada de um bloco familiar muito maior, a fotografia se desenvolvia para celebrar, e reafirmar simbolicamente, a continuidade ameaçada e a decrescente amplitude da vida familiar. Esses vestígios espectrais, as fotos, equivalem à presença simbólica dos parentes que debandaram. Um álbum de fotos de família é, em geral, um álbum sobre a família ampliada – e, muitas vezes, tudo o que dela resta. (SONTAG, 2014, p. 9)

A foto de álbum de família – signo da memória – contrasta com o lugar que a fotografia usualmente ocupa na vida adolescente: a foto da turma, das baladas, as *selfies* individuais ou em grupos são evidências da presença, do pertencimento a uma coletividade. Embora as fotografias sejam onipresentes na experiência contemporânea da adolescência, as fotos usadas no *Catálogo* – antigas, em preto e branco, algumas vezes encobertas ou escondidas pelos objetos – sugerem um contraponto de experiências.

Entre acaso, ruído e memória, as fotografias de Juliana Monteiro Carrascoza estão alinhadas à estética contracultural de Miroslav Tichý em cuja obra a autora se inspirou[3]. Curiosamente, a fotógrafa utilizou uma lente macro – assim como o mestre tcheco –, na qual envolveu panos de prato herdados de uma bisavó profundamente querida. São esses panos que produzem as bordas sombreadas, as áreas escuras que envolvem as fotografias, inserindo-se no espaço como elemento de composição da imagem e não apenas como moldura. Esses procedimentos técnicos (os objetos dispostos intencionalmente sobre as fotografias e o pano instalado na lente da máquina) necessariamente se expressam por meio de inscrições sígnicas que enfatizam os ruídos típicos de fotos antigas (arranhões, caneta, amassados, fungo).

---

[3] A autora menciona essa influência em uma entrevista sobre o livro e seu processo de criação. Disponível online: <https://www.youtube.com/watch?v=6ku7QNZ3SfQ>. Acesso em: 25 mar. 2019. O fotógrafo Miroslav Tichý (1926-2011) ficou conhecido como o fotógrafo da precariedade, sobretudo por causa das câmeras que ele próprio construía com materiais velhos, tais como papelão, latas, peças de ferro velho. Tichý fotografava compulsivamente mulheres em espaços públicos, muitas vezes com roupas de banho, entre os anos 1960 e 1985, em sua cidade natal, Kyjov, na República Tcheca. A estética da precariedade por ele criada relaciona-se com a Contracultura e tem como característica principal a incorporação de ruídos às imagens. Para mais informações, leia-se *Estética da precariedade*: a agência dos equipamentos técnicos na fotografia de Miroslav Tichý, de Paula Davies Rezende. Disponível em: <http://www.teses.usp.br/teses/disponiveis/93/93131/tde-06092017-160136/pt-br.php>.

Acreditamos que os contos resultam do impulso das palavras em direção ao instante fotográfico, desdobrando-se de modo breve e preciso, em um estilo notadamente enxuto, o que a um só tempo os torna leves e contundentes. Os contos, com sua incontornável intensidade[4], nos arrebatam à primeira leitura e só não os abandonamos por vermos estabelecer-se entre eles e nós um fio de presença e sentido que nos leva a lhe dedicar, sem nenhuma pressa, tempo e experimentação poética. Ler e reler, muitas vezes, de várias formas, seguindo a sequência proposta no sumário ou aleatoriamente, não havendo necessidade de se traçar roteiros e mapas durante essa apaixonada errância. Somente ler, sem pretensão de chegar a algum lugar ou descobrir algo que de outra forma permaneceria indefinidamente incógnito. Ler, ler e experimentar a intensidade da palavra e da imagem em sua onírica ciranda. A leitura da obra nos leva a pensar que, lida pela ótica da literatura juvenil, o endereçamento provavelmente se dá por vias indiretas, afastando-se do senso comum de que a literatura para adolescentes deve necessariamente dialogar com o ritmo vertiginoso das novas mídias.

Ao apresentar ao público juvenil um texto multimodal que, no entanto, sobrepõe linguagens e fragmenta experiências de modo diverso do que ocorre com os produtos mais populares do mercado, *Catálogo de perdas* amplia o espectro das expectativas tanto de temas juvenis quanto da materialidade dos livros para jovens. Ao colocar em evidência a perda como fator central de formação e ao utilizar o álbum de família como suporte principal, a obra problematiza caracterizações meramente mercadológicas da literatura juvenil e coloca em debate a questão sobre o que realmente pode configurar a experiência adolescente.

---

[4] A fim de ilustrarmos a noção de *intensidade*, tomemos um único exemplo, que a nosso ver é emblemático: Sara Ribeiro e David Pereira Bastos invocando as entidades dionisíacas da juventude ao interpretarem a canção "Fever", do cantautor norte-americano Little Willie John, na abertura de *Romeu e Julieta* (Shakespeare) da montagem de João Garcia Miguel. Disponível online: <https://www.youtube.com/watch?v=oZsIJSyFXUU>. Acesso em: 25 mar. 2019.

Jovens e livros, considerações finais

"Adolescente é um substantivo no particípio presente: um ser que está acontecendo." (WISNIK, 2004, p. 383). Essa definição – ou "devaneio etimológico", segundo José Miguel Wisnik – parece pertinente para finalizar nossa breve discussão sobre o mercado editorial juvenil e sobre as características de obras escritas para jovens. Enquanto a literatura infantil possui já um repertório mais vasto de recepção crítica, o campo da literatura juvenil parece constituir-se ainda como *work in progress*, área movediça cujo endereçamento se dá de forma muitas vezes tortuosa.

Wisnik destrincha etimologicamente a palavra adolescência, cujo radical latino *oleo, -es, -ere, olui* seria o mesmo da palavra olor. "Com a preposição *ad* como prefixo formou-se o verbo latino *adoleo*, que quer dizer queimar, fazer queimar, consumir pelo fogo em honra de um deus." (WISNIK, 2004, p. 383) O adolescente é aquele que se consome, esvaindo-se, aos poucos, como a fumaça de uma fogueira ou um aroma que desaparece no ar. "Mas é também aquele que consome o que lhe passa pela frente, enquanto passa de um estado a outro" (WISNIK, 2004, p. 383). Esse outro estado é o adulto que, surpreendentemente, por sua etimologia é a forma do particípio passado do mesmo verbo embutido em "adolescente". A condição de adulto estaria dessa forma ligada à perda dessa energia vital, uma espécie de etapa de fogo morto da vida. O adulto é o adolescente que já se consumiu por inteiro.

Nesse contexto, *Catálogo de perdas* adquire significado adicional se lido como representante da literatura juvenil: as perdas ali mencionadas aludem não somente à inevitabilidade das muitas perdas sofridas durante a vida, mas a um processo de consumir-se que é parte central da essência da adolescência. Entre esse passado que já foi consumido e um futuro incerto, as narrativas e as montagens fotográficas do livro retratam pontos de inflexão vividos pelos personagens e ilustrados por retratos de objetos, muitos deles bens de consumo ressignificados pelas experiências de perdas. Embora as narrativas do livro não sejam centradas na adolescência – aliás, indício nenhum aponta para um endereçamento nesse sentido por parte dos autores –, ler o livro sob essa perspectiva permite interpretar as narrativas e montagens fotográficas como uma espécie de narrativa de formação. Segundo Contardo Calligaris, a adolescência é uma construção social:

> uma das formações culturais mais poderosas de nossa época. (...) A adolescência é o prisma pelo qual os adultos olham os adolescentes e pelo qual os próprios adolescentes se contemplam. Ela dá forma aos sonhos de liberdade ou de evasão dos adultos e, ao mesmo tempo, a seus pesadelos de violência e desordem. (2000, p. 9)

O psicanalista data o nascimento da figura do "adolescente rebelde" em meados do século XX, compreendendo-o como resposta a uma sociedade massificada, especialmente nos EUA e na Europa depois da Segunda Guerra Mundial, e argumentando que essa concepção de juventude como possibilidade de realização dos sonhos da sociedade já não existe hoje. Desse modo, a experiência da adolescência, esvaziada, estaria hoje mais próxima do que Maria Rita Kehl definiu como "este 'lugar nenhum' social, esta longa moratória entre a infância e a maturidade" (KEHL, 2004, p. 90).

Ler *Catálogo de perdas* como literatura juvenil reforça essa noção de romance de formação invertido: evidenciar não o que se acrescenta ao indivíduo na sua longa trajetória rumo à vida adulta, mas sim o que se perde. A exposição dessas perdas, organizadas em catálogo, permitem enfocar a experiência adolescente por outro ângulo e imaginar outros espaços para a leitura de jovens, para além dos estereótipos sobre a adolescência e os livros feitos a partir desses estereótipos.

Referências

BISHOP, Elizabeth. One Art. In: ____. *The Complete Poems 1926-1979*. New York: Farrar, Straus and Giroux, 1983.

CALLIGARIS, Contardo. *A Adolescência*. São Paulo: Publifolha, 2000. [Coleção Folha Explica].

CARRASCOZA, João Anzanello; CARRASCOZA, Juliana Monteiro. *Catálogo de perdas*. São Paulo: SESI-SP, 2017.

KEHL, Maria Rita. Juventude como sintoma da cultura. In: NOVAES, Regina; VANUCCHI, Paulo (Org.) *Juventude e sociedade*: trabalho, educação, cultura e participação. São Paulo: Editora Perseu Abramo, 2004. p. 89-114.

LIPOVETSKY, Gilles; SERROY, Jean. *A estetização do mundo*: viver na era do capitalismo artista. São Paulo: Companhia das Letras, 2015.

TOZZI, Juliana B. *Livro infantil no Brasil (2007-2008)*: marcas em circulação, catálogos de divulgação e infâncias anunciadas. 2011. 207 f. Dissertação (Mestrado em Educação) – Faculdade de Educação, Universidade Estadual de Campinas, Campinas, 2001.

TURCHI, Maria Zaira. O estatuto da arte na literatura infantil e juvenil. In: TURCHI, Maria Zaira; SILVA, Vera Maria Tietzmann. *Literatura infantojuvenil*: leituras críticas. Goiânia: Editora da UFG, 2002. p. 23-31.

SONTAG, Susan. *Sobre fotografia*: ensaios. Tradução de Rubens Figueiredo. São Paulo: Companhia das Letras, 2014.

WISNIK, José Miguel. O olor fugaz do sexo das meninas. In: ____. *Sem Receita*. São Paulo: Publifolha, 2004. p. 381-384.

Edição de livros infantis: interfaces e tecnologias da escrita do encantamento

Ana Paula Mathias de Paiva

Encantamento não é coisa fácil de definir. É algo que causa admiração e deslumbramento, um conceito que depende de como o pensamento reage a outras pessoas, personagens, paisagens, objetos, livros e muito mais, e de como constrói sentidos a partir disso.

Tecnologias da escrita envolvem técnicas, processos, métodos, meios e instrumentos voltados à utilização de símbolos capazes de exprimir ideias. A grafia, por exemplo, funciona como uma tecnologia de comunicação que imprime personalidade ao texto e valida a interlocução entre os sujeitos. No século XXI, ao nos referirmos às tecnologias de escrita, precisamos colocar em jogo um imbricado sistema de significação e de produção em série. Afinal, cada vez mais percebemos que as comunicações são compostas por objetos híbridos, aglutinações de dizeres compostas por muitas camadas de linguagem. Além da escrita textual, a arte comercial (incluindo os livros infantis e juvenis) é composta por escrituras vinculadas, sobrepostas. Tecnológica e culturalmente nos movimentamos entre outros meios – de dizer, escrever, comunicar –, o que coloca em pauta a integração e a convergência de linguagens.

Cada vez estão mais atraentes as seções – em livrarias ou on-line – que exibem livros para a infância. Nesses espaços estão à mostra obras com forte apelo visual: capas em relevo e/ou que brilham no escuro; edições em 3D que se valem da engenharia do papel; títulos com apliques em verniz de alto brilho ou glitter; livros com acabamento em verniz fosco, perolizado e/ou texturizado, que valorizam esteticamente a impressão e convidam ao toque. Há ainda os livros infantis com fragrâncias "raspe e cheire" que despertam os sentidos; laminações em ouro e prata e impressões em cores especiais que se aproximam do padrão livro de artista; histórias com recursos holográficos e lenticulares que criam a sensação de movimento ao folhear de páginas; tintas fluorescentes com pigmentos ativados pela luz; acabamento "raspadinha" que pode ser removido com raspagem, uma vez retirada a cobertura (da impressão) em tinta opaca, e muito mais.

Cada nuance importa na edição de livros: o formato, o suporte material de impressão, a opção ou não por elementos extratextuais, pré-textuais, textuais e pós-textuais, a seleção de famílias de tipos (desenho das fontes). Há os estudos de planos de leitura, de páginas duplas, a observação da resolução das imagens (no caso de livros com ilustrações). Tudo deve ser equalizado, inclusive o uso de interatividade ou ênfases visuais (relevos, aplicações, movimentos ópticos ou de engenharia do papel).

Quanto às qualidades textuais, observam-se: a originalidade das abordagens, o trabalho estético com a linguagem, tema(s) – pungentes, de moda, provocativos, curiosos, informativos etc. Os recursos de edição formam um arranjo coerente e original quando facilitam o acesso à compreensão do conteúdo.

Toda edição, enfim, passa por um processo. O livro não nasce pronto num "copiar/colar" de fórmulas. E as tecnologias da escrita são parte fundamental da composição e da criação de sentidos. Antes da edição há sondagens, ações estratégicas, argumentações elaborativas, preparação de provas de leitura. Um conjunto de procedimentos é gestado e passado em revista. Tais procedimentos não envolvem apenas aspectos macro de execução (seleção de formato, fontes, impressão). Há muitos aspectos sensíveis em jogo. O projeto gráfico – diríamos – define a mancha gráfica.

Mas não só. Existe uma mixagem de elementos que, na estrutura editorial, podem tornar mais agradável a leitura, original o projeto e compreensível o discurso.

Ademais, um público-alvo sempre deve ser considerado, até porque o livro é um meio e todo meio prevê audiências (KRESS, 2010). Um projeto (edição) é assim algo amplo e dinâmico porque existe em observação às demandas do público-alvo e aperfeiçoa-se à medida que as tecnologias avançam. Editar é, portanto, um modo de dar à luz, mediante a combinação de diferentes elementos ou partes de um conjunto, de forma a materializar ideias, harmonizar estratégias referenciais, gerando um núcleo coerente e que alcance um determinado fim – previsível ou inovador.

A escrita tecnológica impulsiona uma nova diversidade de escolhas no campo da edição. Novas articulações de conteúdo e convergências de mídias pedem passagem. Os leitores anseiam por conteúdo e interatividade. Existe, de fato, um anseio de crianças e jovens por edições menos sujeitas a fórmulas que subjugam, reduzem interesses afins às idades. Na atualidade, há sim demanda por edições reinventadas em materialidades, múltiplas em modos de dizer, convidativas à ação, ao protagonismo, ao experimentalismo e interação, ricas em visualidade e sensorialidade, e às vezes até magnetizadas como um brinquedo a ser tocado, manuseado, perscrutado, lido (percorrido com a visão), encenado, praticado, jogado e explorado.

Estamos diante de uma demanda real, sensível no Brasil sobretudo a partir dos idos de 1990. Na Europa, as inovações na arte-edição de livros infantis se fazem presentes desde os idos de 1765 – Robert Sayer e suas criações, em Londres, no estilo interativo, Harlequinades – e do século XIX – Ernest Niester, na Alemanha, children books interativos como Magic Moments; William Grimaldi, em Londres, The toilet, técnica lift-the-flap; e outros.

Observamos, assim, ano a ano, a profusão editorial de livros performáticos, atraentes, com forte apelo ao imaginário. Há espaço para os livros infantis nas prateleiras e mesas de atividade e há também e-books, tablets, aplicativos ou mesmo livros transportados como teatros móveis, caixas mágicas de aventuras e tesouros, globos do mundo, jogos e brinquedos – reunindo ação e ficção.

A interação é uma forma importante de orientação em livros editados no século XXI.[1] Por isso, há que se considerar os leitores que hoje se interessam por suportes informativos ou literários que lhes fazem um tipo novo de convite, mesmo antes do processo de alfabetização. Percebe-se que as experiências com livros lúdicos e interativos os iniciam em situações de letramento, fascínio pelo objeto-livro, ficcionalização, performance teatral, busca por conhecimento, ganhos em motricidade, capacidades dedutivas e inferenciais e muito mais.

Apresentamos a seguir algumas tendências de livros que hoje são oferecidos às crianças a partir da chamada "primeira infância" (de 0-5 anos):[2]

---

[1] *A Chicken Socks* é exemplo interessante. Trata-se de uma série de edições voltadas ao "leia e coloque a mão na massa" – coleção de livros chamada *Hand Art*. Todas as obras dessa coleção reforçam a ideia de que "fazer arte" integra o significado da leitura. *My zoo craft – My clothespin zoo (idea book)* – estimula a criança a criar 10 animais artesanalmente, com ou sem a ajuda dos pais, e para isso a edição fornece os ferramentas para a criação. Trata-se de um livro não literário, com instruções objetivas, ainda que bem lúdicas, fértil para compreendermos o uso e crescimento da linguagem multimodal nas edições editoriais. *Knots* (Klutz Books) também é um livro que em sua materialidade estimula a compreensão do texto e a aplicação do conhecimento em algo imediatamente prático. O suporte serve de base para o ensinamento e o treino aplicado de 23 nós, do mais simples ao mais complexo. As cordas fazem parte do adorno da capa e da brincadeira de empenho/desafio.

[2] PAIVA, Ana Paula Mathias de. *Um livro pode ser tudo e nada: especificidades da linguagem do livro-brinquedo*. 2013. 739 f. Tese (Doutorado em Educação) – Faculdade de Educação, Universidade Federal de Minas Gerais, Belo Horizonte.

- Livros de imagem;
- Livros ilustrados e livros com ilustração;[3]
- Livros de berço, ilustrados, adaptáveis aos espaços de repouso e/ou observação de bebês;
- *Quiet books* artesanalmente costurados e com objetos/peças manuseáveis para interação;
- Livros de pano comerciais que provocam interesse e espontaneidade do toque-interaja;
- Livros sonoros ao estilo "eu leio para você"/"leia-me"/aperte e ouça etc.;
- Livros tridimensionais que excitam a visão e o vínculo entretido com a leitura;
- Livros de desafios com montagens giratórias para a descoberta de respostas;
- Livros em transparências que estimulam a sensibilidade e a projeção visual;
- Livros concebidos em arte lenticular, que promovem o acesso a ângulos surpreendentes;
- Livros teatro de sombras que instigam o contato com artes cênicas e a atuação real; livrocenário ou livro-teatro (*coffret-théâtre*) de marionetes, fantoches e dedoches;
- Livros que criam planos de leitura intercalados em projeção de profundidade (*step inside*);
- Livros que dão movimento aos personagens em *scanimation* ou animação grade de barreira;
- Livros que incitam atividades motoras e cognitivas conceituais e práticas – de costura, montagem, amarrações, desenhos, escrita, percursos etc. (*Hand Art* ou similares);

---

[3] Os livros ilustrados definem-se pela articulação entre textos e imagens, sendo a narrativa construída a partir da interação entre ambas as linguagens. De maneira diversa, os livros com ilustração apresentam texto verbal autônomo do ponto de vista do sentido, e é acompanhado de ilustrações. Acerca dessa diferenciação, ver Linden (2011).

- Livros que são feitos para a raspagem – e consequente colorido mágico – de desenhos e escrita, ou que são concebidos para a prática de escrever e apagar com caneta (*magic pen*) e apagador acoplado para a criação em páginas enceradas;
- Livros-brinquedos, realmente projetados para dar suporte a brincadeiras, jogos e ações.

Depois desse breve panorama de tendências editoriais no ramo infantil, nos deteremos a seguir nos chamados livros-brinquedo, considerando suas características e especificidades.

O que ensina a linguagem do livro-brinquedo

O substantivo composto livro-brinquedo denota um objeto concreto e suas propriedades relativas aos dois radicais. De modo prático, estas são edições concebidas para o público infantil que valorizam a leitura e a ação, abarcando universos literários e informativos.

Livro enquanto expressão do pensamento humano é uma evolução dirigida ao discurso e à permanência. A existência fundamental do livro na cultura lhe dota de funções múltiplas: informar, entreter, documentar, registrar, repertoriar, reunir, contar, registrar, mediar, autenticar, apresentar, ilustrar, resgatar, dentre outras. Mas, dada a proximidade à palavra "brinquedo", o que mais este suporte (livro-brinquedo) qualificaria? A priori, um objeto tangível, que valida a relação com o prazer ou o lazer através da ludicidade.

Editorialmente, livro-brinquedo lembra livro-objeto e, consequentemente, uma irrevogável vocação experimental, além de um lugar de transição de uso, com função de entreter, alegrar, levar à ação e ao conhecimento, pela plasticidade gráfica e artística, performance visual e tecnologias adaptadas a usos de interagir e brincar. O termo é assim aplicado a livros que chamam, convidam ao manuseio, à autonomia, à escolha do leitor, a jogos imaginativos, à coordenação e a passeios sensoriais-visuais, sem que necessariamente sejam estritamente livros de imagem – mesmos os produzidos para bebês. Tudo isto, de modo interdependente, constitui um panorama significativo para a compreensão de uma dinâmica de criação e edição contemporânea e seu alcance no campo de produção de livros.

Livros-brinquedo expressam uma força comunicativa e interativa em sua apresentação formal-visual-tátil, estão disponíveis para o ler-brincar-jogar. Tais edições criam, então, uma tensão na orientação de leitura, que ultrapassa a expectativa objetiva linear. Ao serem escolhidos e folheados como livros – que são –, permitem o alcance a uma diversidade de temas desde a abertura convencional (plana) até a abertura súbita de páginas (em 3D, por exemplo), giros e trilhos. Quanto ao conteúdo e à estrutura gráfica, os livros-brinquedo trazem planos de leitura sobrepostos, representações narrativas ou informações objetivas atraentes, destacando lances notáveis, ação visual surpreendente, acesso à interatividade e a presença de contiguidades semânticas – símbolos, ícones, indícios etc. – que significam conteúdo na mediação de leitura ou por força cultural, de convenção, semelhança ou aprendizado dedutivo.

Inicialmente, a feição mais comum nos anos 1990 para o livro-brinquedo era a do livro *pop up*, ou seja, livro que salta para fora, que cria janelas de leitura inesperadas, eloquentes, em transformação do unidimensional para o plano da terceira dimensão. A origem dessa tecnologia tem raízes na arte do origami, arte milenar japonesa de dobradura de papel – *ori*, dobrar; *kami*, papel – e no termo kirigami – *kiri*, corte; *gami*, papel –, arte de recortar papéis sem desperdício. Hoje, a técnica *pop up* tem sido amplamente serializada mundo afora, em valorização da engenharia do papel, isto é, montagens espetaculares que são possíveis por avanços de tecnologia gráfica de impressão, vincagem, acabamento e serialização.

O livro-brinquedo *pop up* é, assim, um tipo de origami arquitetônico, uma variação do origami tradicional – arte e habilidade de dobrar papel (quase sempre) sem o auxílio de cola, costuras e grampos. No origami arquitetônico há uma busca por formas tridimensionais feitas a partir de cortes e dobras programadas entre planos de um papel, as quais surgem como imagens inusitadas a surpreender o receptor. A ideia básica é surpreender quem abre o livro, aproveitando-se de efeitos visuais dos planos espaciais multiplicados, inesperados, fantásticos.

Desde os anos 1990, a técnica *pop up* é muito utilizada na produção de livros infantis, porque deslumbra, diverte e encanta. Tais suportes podem ser abertos a ângulos de 90, 180 ou 360 graus – a exemplo de *Meu jardim*, ilustrado por Gill Guile, edição Ciranda Cultural; *Os fatos da vida*, de Jonathan Miller, edição da Melhoramentos; *Alicia en el país de las maravillas*, *El mago de Oz* e *Bestias selvajes*, todos de Robert Sabuda, edição da Kókinos; e *Não quero comer tomates*, de Lauren Child e Corina Fletcher, Ed. Serres.

Os *toy book* e *play book* – assim conhecidos nos EUA – são referidos, por sua vez, para denominar livros infantis que disponibilizam extras ou presentes lúdicos aos pequenos leitores, como personagens acoplados às histórias em maletinhas ou mochilas estilizadas, ou relacionam-se a livros sensoriais – em relação dialógica, sobretudo sonora e tátil –, livros com movimento no estilo *scanimation*, livros produzidos para o toque e a interação, livros *pop up* cujas montagens criam cenários para jogos, brincadeiras, manipulação de peças, desempenho de regras sobre impressões de tabuleiros ou teatros. Alguns suportes (*toy book*) desenvolvem jogos psicomotores em esquemas de ábaco, quebra-cabeças, "escreva e apague" ou similares. *Toy book*, naturalmente, faz também referência a livros que em suas edições ensinam a fazer brinquedos, como *The toy book: in fabric oddments or felt*, de Barry Morley.

Contemporaneamente, no ramo de edição, ouve-se falar também em *movable books*[4]. Materialidades de dimensões decorativa, artística e interativa. O resultado de cena destes livros gera projeção de planos de leitura em montagens que abrigam o conceito de movimento – a exemplo de livros que usam como dispositivo mecânico discos giratórios acionáveis e rotações mágicas para figurar a transmutação de uma cena em outra e, mais recentemente, acrobacias de ilusão óptica – como se aprecia nas obras *Parque de diversões – Em pijamarama*, de Michael Leblond e Frédérique Bertrand, *Sou uma princesa!*, de Rachel Rimmer, da Editora Egmont UK Limited, e *Galope!*, de Rufus Butler, Editora Sextante. Em tais livros, respectivamente pela animação japonesa, pelos giros de leitura e scanimation, o que ativa o leitor à participação é a interação e um jogo de intensidades de mudanças visuais, uma metamorfose de cena lúdica em contextos significantes e expressivos (passagem das meninas ao conto de fadas e visualização dos animais em movimento), o que leva ao conhecimento de ideias e ao sentimento de aprender brincando. Em todos os casos descritos, a capa é *per si* uma vitrine de alta finalidade atrativa, recreativa e de deleite. As obras citadas ocupam um lugar convidativo à leitura e à exploração de sentidos, instigando a visitação leitora e a formação interativa e estética do gosto leitor.

---

[4] *Movable books*: técnica pela qual, através da interação de um plano de fundo com uma grade plástica, gera-se uma ilusão de movimento. Num plano de fundo há uma folha de papel onde são impressos os frames (imagens ou quadros fixos) que formarão a figura da animação. Para uma animação com seis frames, são necessárias seis imagens. A grade é formada por listras pretas e listras transparentes, ambas com larguras específicas que serão calculadas dependendo do número de frames da animação. A ilusão de movimento se dá ao posicionar a grade sobre o plano de fundo; as linhas transparentes da grade deixarão à mostra apenas um frame de cada vez. Ao ser deslocada, suas faixas pretas esconderão o frame anterior e suas linhas transparentes mostrarão o próximo frame. Dessa forma todos os frames serão mostrados sequencialmente gerando a ilusão do movimento. Ver como exemplo o livro *É gol!*, de Rufus Seder, Ed. Sextante.

Especificamente na França, a denominação para livro-brinquedo é *livre jeu*, termo que relaciona a um só tempo o livro lúdico infantil e o livro artístico adulto experimental. Como tendência visual-conceitual, o *livre jeu* coloca em destaque o valor de novidade e da associação sensível dos objetos, além de valorizar a leitura pelo prazer (ler por ler). Na seção infantil das livrarias francesas, o *livre jeu* é aquele suporte de leitura que desperta o interesse tátil e sensorial da criança e aguça sua curiosidade visual-manual/motora.

Conforme este breve panorama, consideremos Bakhtin (*apud* MORSON; EMERSON, 2008), que nos ajuda na tarefa de perceber que os gêneros do discurso são tão variados quanto as atividades humanas e se estruturam segundo finalidades. Não são aleatórios, no sentido de serem sem fundamento. Nascem de intenções, demandas, experiências renovadas, atividades, práticas e do conhecimento. Por este raciocínio, a concepção de livro infantil também abarca uma rica variedade de gêneros de discurso e formas de escrita, as quais são renovadas e cambiantes com o tempo e contextos específicos.

No livro-brinquedo, o que melhor o representa é a sua dimensão de leitura como experiência ativa, seja pela aproximação vívida de uma sensação, pelo deslumbre estético materializado ou pelo desempenho de um papel (ficção). Uma acepção possível para este suporte lhe identifica também a um tipo de livro que não fica indiferente aos olhos da criança – em estrutura, projeto gráfico, linguagem e aspectos sensoriais. Até por isso, os editores por trás dos livros-brinquedo preocupam-se em explorar melhor saídas para a restrição do manusear – isto é, aquilo que num projeto rasga, danifica, despenca, suja, desprende, trava (linguetas), descola com facilidade, suja e não limpa (páginas enceradas para o "escreva e apague").

Por fim, que fique ressaltado que edições espetaculares em projeção e sugestão interativa nem sempre são garantia de qualidade – literária e informativa. Existem livros-brinquedo apenas mecânicos, como quebra-cabeças em estrutura de conteúdo verbal raso; há *pop-ups* que se esgotam em segundos porque se levantam em 3D, mas pouco significam em correlação com conteúdos do livro; há obras envoltas em lindas embalagens (bolsas/*bag in box*, caixinhas etc.) que uma vez folheadas são desinteressantes em unidade gráfica e desenvolvimento temático e, assim, frustram expectativas. Enfim, o conteúdo sempre será fundamental nas edições.

O que transforma um livro em brinquedo é a imaginação do leitor e o próprio brincar com a materialidade ou invenção. Na atualidade, diante de enormes potenciais, editorialmente falando. Há as tecnologias da escrita, as convergências de mídia, o crescente interesse infantil por livros, a formação de bebetecas etc. Esperamos que a linguagem possa, no suporte livro enquanto bem cultural, expandir conhecimentos, interesses e gostos. Os livros imitam a vida. Brincar inclui naturalmente demandas infantis. Cada tempo traz seus vestígios culturais.

Esperamos que os livros do século XXI se sirvam daquilo que foge ao monótono – não enxergando por baixo a curiosidade intelectual de crianças e jovens. Ansiamos por edições com jogos significantes, usos criativos da linguagem, obras fecundas e extraordinárias na renovação dos tempos e tendências. Afinal, seja na vida, seja na arte ou na edição de livros contemporâneos, sempre haverá na base do saber uma anterioridade (história do livro), relação (demandas culturais, diversidade de gêneros, oferta/concorrência, acesso e avanços tecnológicos) e movimento (ação implementadora humana). Essa parece ser uma perspectiva fundante para o mercado editorial: entender o sistema de produção de objetos conforme uma linguagem do século XXI.

Referências

BAKHTIN, Mikhail. *Estética da criação verbal*. Tradução de Paulo Bezerra. 4. ed. São Paulo: Martins Fontes, 1992.

KRESS, Gunther. Multimodality. *A social semiotic approach to contemporary communication*. New York: Routledge, 2010.

LINDEN, Sophie van der. *Para ler o livro ilustrado*. Tradução de Dorothée de Bruchard. São Paulo: Cosac Naify, 2011.

MORSON, Gary; EMERSON, Caryl. *Mikhail Bakhtin*: criação de uma prosaística. Tradução de Antonio de Pádua Danesi. São Paulo: Edusp, 2008.

Aspectos da produção e recepção:
autor, leitor e editor

O contraponto na criação de livros ilustrados: a dupla orientação em *Rosa* e *Olavo*

Odilon Moraes

> É a diferença entre palavra e imagem que nos faz reinterpretar cada uma a luz da outra[1].
>
> Perry Nodelman

Em uma entrevista para o livro *Traço e Prosa*[2], a autora Angela Lago declarou que existiam dois tipos de obras: as de ilustração propriamente dita e as que não sabia direito como chamar. Não resisti e tive que perguntar o que seriam as ilustrações propriamente ditas. Em resposta, ela me esclareceu que seriam as imagens feitas para grandes obras literárias, as imagens que de alguma maneira prestam uma homenagem ao texto que ela, como leitora, admirava. Seria um tributo que a imagem faz à palavra. Por outro lado, havia a outra, a não propriamente dita, a que em vez de homenagear, criava junto com a palavra.

É sobre esse lugar, ao qual tentamos dar um nome e um território, que discorrerei neste texto. Nele, a ilustração desempenha um papel diferente em relação não só às palavras, mas também às outras imagens que se antecedem e sucedem ao longo das páginas. Trata-se do lugar do livro ilustrado, aparentemente simples, mas com o potencial de apresentar grande complexidade no jogo que faz entre os elementos que compõem sua narrativa. Neste

---

[1] "Es la diferencia entre palabras e imágenes la que nos hace reinterpretar cada una a la luz de la otra." (NODELMAN *apud* ARISPE; STYLES, 2004, p. 51, tradução do autor).

[2] Trata-se de um livro de entrevistas com ilustradores de livros infantis e juvenis, concedidas a mim, a Rona Hanning e a Maurício Paraguassu.

texto, apresento algumas etapas do processo de criação de duas obras de minha autoria: *Rosa* e *Olavo*.

Figura 1 – Capa da obra *Rosa*   Figura 2 – Capa da obra *Olavo*

Na primeira, *Rosa*, há uma dupla orientação cronológica. Enquanto as palavras nos contam sobre o tempo passado, quando algo aconteceu com um homem, a sequência de imagens nos mostra outro personagem, seu filho (subentende-se ao longo da história), no tempo presente, em busca de seu passado. Dei a esse efeito o nome de contraponto temporal.

Na segunda, *Olavo*, as cores sépia e azul servem para colocar o leitor frente a diferentes estados de alma do personagem. Trata-se da história de um menino triste que, inusitadamente, recebe em sua porta um presente misterioso. O menino triste há que lidar com o fato de uma dose de felicidade ter transformado sua condição frente ao mundo. O jogo de cores que se dá em paralelo com a história narrada, chamei de contraponto cromático.

ROSA: o contraponto temporal

Rosa é constituído de três camadas: uma biográfica, uma intertextual e uma formal. A primeira, talvez aparentemente pouco importante para um trabalho de cunho acadêmico, é o marco biográfico que situa o momento da criação. É nesse território que nasce a vontade, essa necessidade de escrever e se comunicar. Nele se planta a escrita. Portanto, revelar essa camada se faz necessário quando o intuito do trabalho é recolher os aspectos do caminho da criação, pontuar o momento do começo da caminhada.

Quando escrevi *Rosa*, eu estava para ter um filho. Foi uma obra escrita por um autor em estado de gravidez masculina. E em que essa difere da gravidez das mulheres? É uma gravidez sem corpo. Nas mulheres a gravidez é sentida dentro delas, algo lhes cresce lá dentro, a mulher é preenchida pelo que está por vir. A gravidez masculina não tem barriga, lugar onde se manifestar. Acontece na cabeça. Cresce preenchida pelo vazio, por uma imensa ideia, à deriva.

O livro *Rosa* nasce da necessidade de falar desse momento. Momento de silêncios, de reposição no mundo e de perguntas sem resposta. Eu iria virar pai (essa era a única coisa concreta). A figura do pai como uma nova condição me levou às portas da memória. Lá, tentava buscar a referência desse pai que até então eu só vivenciara pelo lado do avesso, o do filho. Lembrei-me da relação com meu pai, mais calcada nas entrelinhas do que nos enunciados das conversas. Assim nascera minha relação com o desenho, dos não ditos entre pai e filho. Assim formou-se a semente de *Rosa*.

A segunda camada é a intertextual, a conversa que uma obra estabelece com outras obras literárias. Como podemos pressentir, não só pelo título como também pela atmosfera das imagens, há a demarcação de um território poético. Para um leitor familiarizado com esse lugar, já há algo sendo dito antes da narrativa ser contada. Estamos diante do universo do escritor Guimarães Rosa. O livro ilustrado *Rosa* faz um chamado específico ao conteúdo do conto "A terceira margem do rio". Nele há um pai que pega sua canoa e vai habitar a terceira margem, uma metáfora aberta ao gosto do leitor. Nunca voltará, embora seu filho o siga, esperando por ele em uma das margens. Ao final, acreditando que seu pai já estaria velho para permanecer nesse lugar, o filho o chama a fim de substituí-lo em sua canoa. Parecendo aceitar a proposta, o pai se aproxima da margem, o que faz o filho sair em disparada. Nunca mais veria o pai, que retorna para sempre ao seu não-lugar. Reproduzo essa história do conto pois, apesar de eu ter falado do estado em que eu me encontrava pela proximidade do nascimento de meu filho, foi o conto de Guimarães Rosa que me propiciou o lugar geográfico, o ambiente, a possibilidade de um lugar para a história acontecer.

Lembrei-me de que, desde a juventude, havia lido e relido o conto de Guimarães Rosa e sublinhado exaustivamente pedaços que me tocavam. Sempre me inquietou o final. O que seria do menino da história? No conto, ele se culpa por não ter sido "homem" para ocupar o lugar do pai: "Sofri o grave frio dos medos, adoeci. Sei que ninguém soube mais dele. Sou homem depois desse falimento?" (ROSA, 2001, p. 85). Teria ele um dia se tornado homem (assim como eu)? Essa foi a pergunta que fez a semente de Rosa germinar. Assim começou a escrita do livro. Levando em conta o hibridismo do livro ilustrado, é necessário esclarecer que entendo por escrita não somente as palavras, mas também as imagens. Escrevo com as imagens. Enquanto com as palavras somos conduzidos pela história desse pai, que alguns reconhecerão como o personagem do conto de Guimarães Rosa, é com a sequência de imagens que compreendemos que a história trata da volta desse filho depois de adulto para o lugar onde seu pai estivera por toda a vida.

Enfim entramos na terceira camada, a que denominamos aqui de "formal", a que acontece somente no objeto, onde todas as formas de escrita se cruzam. É onde ocorre uma dupla orientação das informações. Palavra e imagem assumem dois tempos distintos na narrativa. Sabemos, pelas palavras, que um certo homem havia pego uma canoa e ido morar no meio do rio. Mas as imagens nos mostram outra coisa. Nelas vemos um personagem que não sabemos quem é, parecendo se dirigir para um lugar que lhe é familiar.

A palavra toma o ponto de vista de quem assistiu ao fato que narra: "Logo que o filho nasceu, parece que o homem endoidou." Um leitor do conto de Guimarães irá lembrar-se de que a atitude do homem que pegou a canoa foi tida pelas pessoas próximas como doideira:

> Nossa mãe, vergonhosa, se portou com muita cordura; por isso, todos pensaram de nosso pai a razão em que não queriam falar: doideira. (ROSA, 2001, p. 80)

A voz do narrador do livro *Rosa* encontra-se, portanto, próxima do ocorrido e tem uma visão particular da história. Nas imagens, no entanto, não conseguimos nos posicionar sobre o que vemos: uma estação de trem, um personagem misterioso que chega e uma carroça que o leva.

Figura 3 – Personagem na estação de trem

Figura 4 – Personagem na carroça

O desencontro fará com que as palavras ecoem por trás das imagens, como um vento que sopra sem encontrar a imagem correspondente. "Rosa, só rosa, mais nada" – diz o texto, enquanto a imagem mostra o personagem diante de um grande vazio, em uma paisagem distante onde avista uma casinha.

Figura 5 – Paisagem com casinha

É preciso lembrar que a palavra "nada" é um conceito paradigmático na obra de Guimarães Rosa (não é à toa que sua obra *Grande Sertão: Veredas* se inicia com "*Nonada*"). É a camada intertextual que se mostra em alguns fragmentos de texto, assim como nas imagens.

Em alguns momentos da história, as narrativas paralelas de texto e imagem se cruzam, tentando estabelecer mais fortemente uma possível ligação entre as duas. Isso ocorre, por exemplo, no trecho onde se lê: "do pai nada mais se soube".

Abre-se a possibilidade do personagem misterioso ser o filho do homem da canoa. Isso nos conduzirá até o final do livro, onde o próprio nome do filho, Rosa, se encontra com a imagem da flor deixada no lugar da ausência do pai.

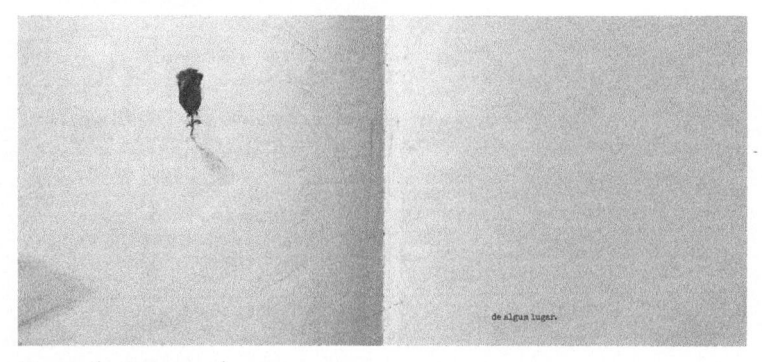

Figura 6 – Imagem da rosa

Uma vez aberto o livro e iniciada a leitura, o ritmo criado pela sequência das imagens permanece o mesmo ao longo de toda a narrativa. Mesmo quando a palavra se ausenta ou traça seu jogo próprio de escrita, a imagem permanece no mesmo ritmo. É como se tivéssemos entrado em uma canoa nós mesmos, e começado a remar rio adentro. Não podemos parar. Embora em ritmo lento, dado principalmente pelo formato horizontal do objeto, há um movimento ininterrupto na maneira com que as imagens se apresentam. Nas águas de um rio, até para permanecermos parados, temos que remar.

Figura 7 – Remando 1

Figura 8 – Remando 2

Figura 9 – Remando 3

Figura 10 – Remando 4

Dentre esses entrelaçamentos que tento apresentar e que foram conscientemente ou inconscientemente enxergados por mim no processo de escrita e reescrita dessa obra, encontram-se também aqueles acrescentados pelos leitores, que não deixam de nos surpreender como autores. Disse-me o editor Marcelo Del'Anhol que vira em *Rosa* uma metáfora do mecanismo de livro ilustrado enquanto linguagem. Sua possibilidade de fruição não se dá nem numa margem (palavra), nem na outra (imagem), mas "de meio a meio no rio", expressão usada por Guimarães Rosa para se referir ao lugar do pai e sua canoa.

OLAVO: o contraponto cromático

Essa narrativa já se inicia com o contraponto entre tristeza e alegria sem o qual não podemos compreender nosso personagem. "Olavo era um menino triste", diz o começo da história, para que possamos situá-lo. A imagem não deixa dúvidas, não somente na cena retratada mas também nas cores utilizadas: Olavo era realmente um menino triste.

Figura 11 – Olavo

Esse menino triste, saberemos depois, terá sua vida alterada por algo deixado em sua porta. É então que a alegria se apossa do personagem. Mas a alegria não está no presente que recebe. A alegria se mostra no azul do céu, onde o personagem flutua. O presente traz a possibilidade dessa abertura ao personagem.

Figura 12 – Olavo no céu com o presente

Pouco adiante o azul se recolherá novamente quando Olavo passa a desconfiar de sua nova condição. É então que o personagem, além de triste, amedronta-se com a possibilidade de voltar a seu estado anterior.

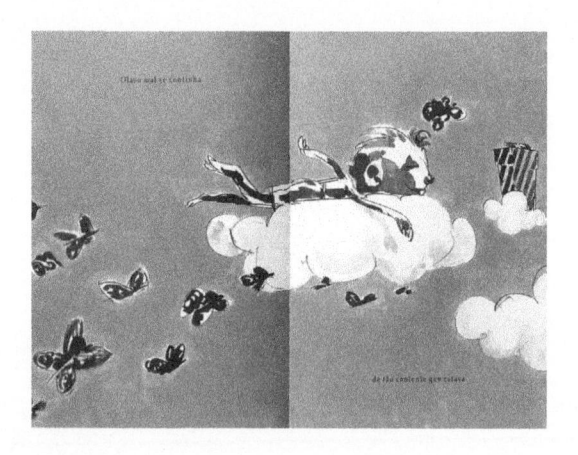

Figura 13 – Olavo flutuando no céu

Em uma segunda leitura, talvez nos daremos conta de que o azul encontra-se desde o início do lado de fora. É visto através das frestas da janela, à espreita, como a tal fera na selva da novela de Henry James, na qual o personagem espera um dia ser arrebatado pela vida.

Ao pintar pequenas frestas de azul nas cenas sépias, quis sugerir essa outra camada na história, a ideia de que a alegria está muitas vezes a nos espreitar, aguardando por um momento, uma distração nossa, para que possa entrar.

Um fato curioso é que eu estava dividido entre dois títulos: Olavo ou A Alegria de Olavo (a escolha do próprio nome Olavo se deveu à sonoridade do título A Alegria de Olavo). A proposta da *designer* Raquel Matsushita veio me socorrer ao mesmo tempo que acrescentou à obra algo como uma diferente porta de entrada. Ela me sugeriu que a guarda fosse azul – o mesmo azul que se mostra, às vezes completamente, às vezes escondido, por todo o livro. Se por um lado tive medo que isso enfraquecesse as páginas azuis internas (o que acredito não ter ocorrido), por outro, percebi que, com isso, ao abrir o livro, teríamos, enquanto leitores, uma experiência forte com a intensidade do azul. Assim, a primeira frase dita no livro – "Olavo era um menino triste" – já estaria em contraste com a experiência da alegria representada pelo azul. Aceitei muito agradecido a contribuição da *designer*, não só pela sugestão da cor nas folhas de guarda, mas também por me ajudar na compreensão de que a palavra "alegria" do título tornava-se, mais do que dispensável, prejudicial.

Não há em *Olavo* a configuração mais clássica dos casos de contraponto enunciados por Nicolajeva e Scott (2011), que se referem às histórias construídas sobre as tensões provocadas entre o enunciado das palavras e o das imagens. No entanto, embora essa tensão não esteja na base de *Olavo*, há várias associações cruzadas entre uma e outra ao longo da narrativa. Quando o texto diz que Olavo era simplesmente triste como outros eram simplesmente alegres, a imagem que se segue é:

Figura 14 – Prédio com janelas

Entendemos a metáfora da imagem a partir do texto das palavras, mas, ao mesmo tempo, é só através da imagem que conhecemos a solidão de ser triste.

Outra dupla orientação ocorre quando vemos que há uma menina observando ao longe o que se passa na vida de Olavo.

Ficamos, nós leitores, a espiar a mesa da menina e descobrimos que ela é a autora dos embrulhos.

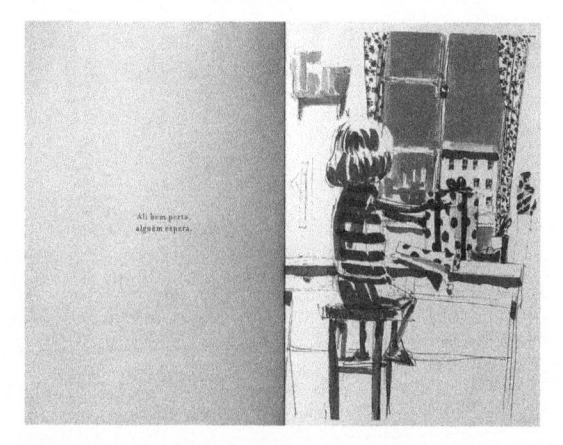

Figura 15 – Menina fazendo o embrulho

Figura 16 – Menina levando o embrulho

Figura 17 – Menina deixando o embrulho

Com isso, a narrativa se desloca para o ponto de vista desse outro personagem. Isso nos dá acesso a uma informação que Olavo não tem. Ao sabermos quem mandou o presente, ficamos, assim como a menina, torcendo para que Olavo continue abrindo a porta.

Diferentemente de *Rosa*, onde o objeto mantém a passagem do tempo homogênea do início ao fim tal qual o remar de uma canoa, em *Olavo* as páginas são usadas para alterar o ritmo da narrativa, assim como o personagem se altera ao longo da história, seja pelo jogo de palavras e imagens em cadência, seja pela combinação das cores que podem ir de um sépia profundo até um azul cian.

Uma escrita em arquipélago

> Num livro, (...) nossos olhos acompanham as linhas do texto recolhendo continuamente informações; dessa forma, cada linha leva-nos um pouco ao futuro.
> Vilém Flusser

Tomo a ideia de arquipélago emprestada do título do poema "La Parole En Archipel" (A Palavra em Arquipélago), do poeta René Char, que se refere à escrita poética. As palavras, assim como as ilhas, estão ao mesmo tempo sozinhas e em relação umas com as outras. Tendem a construir pontes. O livro ilustrado possui um caráter semelhante. Mas no lugar das palavras, apresentam palavras e imagens como ilhas. Arquipélago é um substantivo coletivo e assim deveria ser nossa concepção de livro ilustrado. Não há lei que obrigue imagens e palavras a se juntarem de uma maneira ou de outra, não há um caminho único entre elas, não há uma só regra dizendo como devam se interligar. Porém, está no leitor o poder de estabelecer conexões e, a partir daí, perceber o surgimento de uma escrita. E há infinitas conexões. O livro constitui o oceano sobre o qual nos deslocamos de palavras em palavras, de imagens em imagens, buscando o todo do arquipélago.

O que é próprio de todo texto literário, esse navegar de palavra em palavra, de página em página em busca de um sentido, tem no livro ilustrado a companhia dos fragmentos de imagens e suas peculiaridades como linguagem. Esse deslocamento ganha, portanto, maior tensão na medida em que explorar ilhas de palavras é diferente de explorar ilhas de imagens. Foi sobre essas particularidades que refleti ao longo deste texto, mostrando para os leitores um pouco da construção de *Rosa* e *Olavo*. Se não agi como um pesquisador acadêmico tentando iluminar todas as frestas do pensamento, tampouco agi na solidão do artista. Tentei encontrar um lugar entre minha paixão teórica pelo tema e minha condição de autor que desconhece os caminhos e mistérios da criação.

Referências:

MELOT, Michel. *Livro,*. Tradução de Marisa Midori Deaecto e Valéria Guimarães. Cotia: Ateliê Editorial, 2012.
MORAES, Odilon, HANNING, Rona e PARAGUASSU, Maurício. *Traço e prosa*: entrevistas com ilustradores de livros infantojuvenis. São Paulo: Cosac Naify, 2012.

MORAES, Odilon. *Rosa*. Curitiba: Edições Olho de Vidro, 2017.

MORAES, Odilon. *Olavo*. São Paulo: Jujuba, 2018.

NIKOLAJEVA, Maria e SCOTT, Carole. *Livro ilustrado: palavras e imagens*. Tradução de Cid Knipel. São Paulo: Cosac Naify, 2011.

NODELMAN, Perry. *Words About Pictures*: *The Narrative Art of Picture Books*. Athens: the University of Georgea Press, 1988.

ROSA, João Guimarães. *Primeiras estórias*. Rio de Janeiro: Nova Fronteira, 2001.

O poder sedutor das capas nas escolhas literárias das crianças

Maria Elisa de Araújo Grossi
Maria Zélia Versiani Machado

As crianças e a leitura crítica

Quando observamos crianças em biblioteca, percebemos que elas vivem a literatura de uma forma compartilhada, dialogando com colegas mais próximos – sobre aspectos encontrados nos livros, especialmente aqueles que dizem respeito ao texto visual. Essa atitude confirma o que apontam os estudos da Sociologia da Infância, que destacam a interação entre pares como uma marca da cultura infantil (CORSARO, 2011).

Ao lerem uma obra, os pequenos leitores apresentam uma forma singular de analisar o projeto gráfico, observando, inicialmente, a estética da capa, as suas imagens, as cores utilizadas nesse paratexto, o tamanho e o tipo da letra utilizados na impressão do título, dentre outros elementos. Para refletir sobre um dos aspectos que mobilizam as crianças no processo de escolha dos livros – a leitura da capa –, traremos, neste artigo, alguns episódios de uma pesquisa concluída recentemente[1].

No exercício diário da docência, não é possível registrar tudo o que as crianças comentam entre si sobre os livros literários que escolhem para ler, por isso a opção por pesquisar o que dizem as crianças do 1º ciclo sobre as obras a elas endereçadas. Como o

---

[1] GROSSI, M. E. de A. *A literatura infantil pelo olhar da criança*. 251 f. 2018. Doutorado (Educação) – Faculdade de Educação, Universidade Federal de Minas Gerais, Belo Horizonte, 2018.

universo de obras é extenso, optamos por trabalhar com livros publicados no ano de 2015, considerados *Altamente Recomendáveis* pela Fundação Nacional do Livro Infantil e Juvenil (FNLIJ), ou seja, obras avaliadas e selecionadas por adultos para os pequenos leitores. Interessava-nos conhecer a opinião das crianças sobre esses livros recomendados a elas por adultos.

No quadro a seguir, apresentamos os livros que compuseram o corpus da pesquisa:

Quadro 1 – Livros *Altamente Recomendáveis* – 2015

42ª SELEÇÃO ANUAL DO PRÊMIO FNLIJ 2016 PRODUÇÃO 2015 / LISTA DOS SELECIONADOS ALTAMENTE RECOMENDÁVEIS PARA ESCOLHA DOS PREMIADOS FNLIJ		
CRIANÇA		
Título	**Escritor[a]/Ilustrador[a]**	**Editora**
As cores dos pássaros	Lúcia Hiratsuka	Rovelle
Cartas a povos distantes	Fábio Monteiro / André Neves	Paulinas
Coisa de gente grande	Patricia Auerbach	Cosac Naify
Contos ortográficos	Marilda Castanha	Abacatte
De noite no bosque	Ana Maria Machado / Bruno Nunes	Ática
Hortência das tranças	Lelis	Abacatte
Inês	Roger Mello / Mariana Massarani	Companhia das Letrinhas
Lá e Aqui	Carolina Moreyra / Odilon Moraes	Pequena Zahar
Nino, o menino de Saturno	Ziraldo	Melhoramentos

O caixão rastejante e outras assombrações de família	Angela Lago	Companhia das Letrinhas
O guardião da bola	Lúcia Hiratsuka	Moderna
O livro das casas	Ricardo Azevedo	Moderna
O que é a liberdade?	Renata Bueno	Companhia das Letrinhas
O sonho de Borum	Edson Krenak / Mauricio Negro	Autêntica
O trompetista na tempestade	Alexandre Azevedo / Lelis	Abacatte
Os nada-a-ver	Jean-Claude R. Alphen / Juliana Bollini	Companhia das Letrinhas
Receita para fazer dragão	Simone Saueressig / Janaina Tokitaka	Cortez Editora
Tabuleiro da baiana	Elma	Paulinas
Tenório, um artista iniciante	Cárcamo	Berlendis&Vertecchia

Fonte: Elaborado pelas pesquisadoras a partir de dados da FNLIJ.

Esses livros fizeram parte de todos os encontros e estimularam as conversações literárias vivenciadas na pesquisa. Para registrar todas as falas dos participantes, decidimos trabalhar com grupos de 4/5 crianças e com pressupostos dos *Círculos de Leitura* (DANIELS & STEINEKE, 2004; COSSON, 2014), que estimulam o diálogo sobre as obras lidas. "Um círculo de leitura é basicamente um grupo de pessoas que se reúnem em uma série de encontros para discutir a leitura de uma obra" (COSSON, 2014, p. 157). Trata-se de um encontro entre pessoas e textos literários com o objetivo de compartilhar a experiência de leitura. No caso da pesquisa aqui discutida, os vários encontros reuniram crianças que se encontravam nos anos iniciais do Ensino Fundamental, participantes da pesquisa, a pesquisadora e os livros literários discriminados no Quadro 1.

A opção por utilizar os *Círculos de Leitura* como metodologia de pesquisa deve-se ao fato de que essa estratégia metodológica permite um diálogo sobre as obras, possibilitando que os participantes expressem suas impressões de leituras. Particularmente no que se refere às crianças, tendo como referência alguns estudos da Sociologia da Infância e nossa prática cotidiana, destacamos:

> as crianças devem ser consideradas uma população ou um conjunto de populações com pleno direito (científico), com seus traços culturais, seus ritos, suas linguagens, suas "imagens-ações" ou, menos preciso no tempo e no espaço, com suas estruturas e seus "modelos de ações", etc. [...] As crianças não devem desde então ser vistas como um universo prefigurando o dos adultos, e ainda menos uma cópia imperfeita do mundo adulto. (JAVEAU, 2005, p. 385)

Acreditando que as crianças realizam apreciações das obras que leem, a metodologia utilizada possibilitou o registro minucioso das falas e das considerações das crianças participantes, em áudio e vídeo. Além desses instrumentos de pesquisa, organizamos também notas de campo, fundamentais para a análise dos dados.

A pesquisa foi realizada no Centro Pedagógico da UFMG, uma escola pública federal, cujo ingresso se dá pelo sorteio público de vagas. Essa forma de acesso possibilita uma diversidade no perfil das crianças, característica que contribuiu para a pesquisa, interessada em ouvir um universo social heterogêneo de leitores.

O processo de coleta de dados teve início no final do mês de setembro de 2016 e consistiu em dois momentos principais: a realização dos *Círculos de Leitura* com as obras consideradas, pelos adultos, como *Altamente Recomendáveis* para crianças, privilegiando-se, dentre elas, os livros escolhidos por esses leitores para leitura em voz alta no grupo e o desenvolvimento de entrevistas individuais. Incentivamos as crianças a falar dos livros, tendo como referência o enfoque *Dime*:

> El enfoque de "Dime" parte de este modo conversacional básico, extendiendo el número de participantes del uno a uno, niño y adulto, a un adulto facilitador con una comunidad de lectores cuyo mutuo interés está concentrado en un texto compartido. (CHAMBERS, 2007, p. 29)

Nesse enfoque, as crianças são consideradas críticas inatas, capazes de emitir impressões e análises sobre os livros literários a que têm acesso. Chambers (2007, p. 39), em sua obra *Dime*, produz um capítulo provocador que tem como título "Son críticos los niños?". A respeito dessa pergunta, o autor argumenta:

> Formulamos la pregunta, en primer lugar, porque nuestro trabajo nos había persuadido de que los niños poseen uma facultad crítica innata. Instintivamente cuestionam, reportan, comparan y juzgan. Si uno los deja solos, formulan sus opiniones y sentimientos llanamente y se interesan por los sentimientos de sus amigos [...]. (CHAMBERS, 2007, p. 39)

A investigação possibilitou ouvir a voz dessa criança leitora e, assim, conhecer como acontece a recepção de livros literários por elas.

Conversas sobre livros em círculos de leitura

Para a realização da investigação, organizamos a turma das crianças participantes, constituída por 25 estudantes, em cinco grupos de quatro crianças e um grupo com cinco. Visamos à organização de uma quantidade de crianças que garantisse um profícuo diálogo a partir da leitura. Esse número menor de crianças por grupo possibilitaria também a gravação do que cada uma delas diria sobre os livros.

Em todos os encontros realizados, os livros *Altamente Recomendáveis*, selecionados para o estudo, ficavam dispostos numa mesa, com as capas viradas para cima, de forma que a criança pudesse manusear e escolher aquele que gostaria que fosse lido pela pesquisadora durante a interação da pesquisa.

Figura 1 – Livros Altamente Recomendáveis – Produção 2015
Fonte: Registro das pesquisadoras.

O primeiro encontro de cada grupo acontecia da seguinte forma: as crianças do grupo chegavam, sentávamos em círculo, conversávamos sobre a pesquisa e os seus objetivos. Após essa preparação inicial, as crianças escolhiam, dentre os livros expostos na mesa, os livros que gostariam que fossem lidos em voz alta pelo grupo. Em seguida, sentávamos para ler e conversar sobre os livros escolhidos, fazendo valer aquilo que afirma Cosson em seu livro sobre *Círculos de Leitura*: "Ler é produzir sentidos por meio de um diálogo, uma conversa" (COSSON, 2014, p. 35).

Realizamos, no total, 83 encontros com os grupos. O número de encontros por grupo variou de acordo com os livros escolhidos pelas crianças, livros com o maior número de páginas demandaram um tempo maior de leitura e discussão. Cada encontro teve a duração média de 30 minutos. Ao longo do estudo, percebemos que 30 minutos era um tempo suficiente para que as crianças participassem ativamente das discussões sem se cansarem. No entanto, em alguns encontros, foi necessário um tempo maior de diálogo no processo de conversação.

Além dos momentos que chamamos *Círculos de Leitura*, realizamos entrevistas semiestruturadas individuais, com o objetivo de conhecer, em maior profundidade, as características e experiências de algumas crianças participantes, leitores que apresentaram determinadas falas durante os encontros coletivos e sinalizaram singularidades em relação à sua história como leitor, singularidades essas que precisavam ser conhecidas.

> A entrevista com crianças é uma técnica ainda relativamente pouco explorada na literatura, inclusive porque, usualmente, pensa-se a criança como incapaz de falar sobre suas próprias preferências, concepções ou avaliações. Com um conhecimento sobre a criança cada vez mais acurado, essa suposição tem sido questionada e tem sido explorado, crescentemente, o uso de entrevista com crianças. (CARVALHO *et al.*, 2004, p. 291-292)

Ao realizarmos os *Círculos de Leitura*, as crianças tornaram-se próximas à pesquisadora e, com o tempo, a confiança foi se ampliando. Essa situação criou um clima propício à realização de entrevistas semiestruturadas. Ao revisitarmos os registros das entrevistas, consideramos que a experiência foi bem sucedida e a decisão acertada. As crianças sentiram-se motivadas e responderam com segurança às perguntas do roteiro básico, superando as nossas expectativas e contribuindo com informações variadas sobre práticas de leitura vivenciadas, que ampliaram as possibilidades do estudo.

Com a palavra, a criança leitora

> "Eu vejo assim... eu vejo muito pela capa."
> Luna, 26/11/2016

Um dos aspectos que se destacaram na pesquisa foi o que mostrou como a capa dos livros exerce expressiva influência nas escolhas das crianças. Quando folheavam os livros que estavam em cima das mesas e analisavam qual obra escolheriam para ler, elas observavam, com atenção, esse paratexto e identificavam nele elementos que justificariam a sua escolha. Segundo Powers (2008, p. 6), "a capa é parte integrante da história de qualquer livro", por isso sua importância cultural é estudada por alguns teóricos. O autor destaca que, no caso de um livro ilustrado, a capa pode servir de "amostra das delícias que virão" (POWERS, 2008, p. 6). Conforme observamos na pesquisa, a capa cumpre um papel essencial na relação da criança com o livro, "no processo de envolvimento físico com o livro, pois, embora não se possa olhá-la enquanto se lê, ela o define como objeto a ser apanhado, deixado de lado e talvez conservado ao longo do tempo" (POWERS, 2008, p. 7).

Foram muitos os episódios que revelaram a atração das crianças pelas capas dos livros. Alguns deles serão mostrados a seguir:

Data: 26/09/2016
[...]
Pesquisadora: Isso! E você, Naruto[2], qual é o seu livro?
Naruto: *O guardião da bola.*
Pesquisadora: Ah! Por que você escolheu esse livro, Naruto?

---

[2] Na pesquisa, as crianças escolheram os nomes que gostariam de ter no estudo, garantindo o seu protagonismo na investigação, como sugerem estudos de Folque (2010) e Esteves (2014). Essa escolha trouxe novos elementos para a investigação, visto que os nomes escolhidos revelaram traços de seus repertórios culturais.

Naruto: Porque eu achei legal a capa.
Pesquisadora: Ah! Você achou a capa legal? O que você gostou na capa?
Naruto: Desse menino andando de bicicleta e o cachorro atrás.
[...]

Data: 21/02/2017
[...]
Pesquisadora: Ô Greninja, então qual livro você pegou?
Greninja: (Lendo o título) *Nino, o menino de Saturno.*
Pesquisadora: Ô, Greninja, por que você escolheu logo esse livro... daquele tanto lá... por que você escolheu esse?
Greninja: Porque eu adoro arco-íris. E tem um que o anel de Saturno é um arco-íris.
Pesquisadora: Ah... Você adora arco-íris e esse aí tem?
Greninja: Tem.
Pesquisadora: Então o que você olhou pra escolher este livro? Logo que você chegou...
Greninja: Esse arco-íris aqui.
[...]

    Quando a criança identifica alguma imagem que atrai a sua atenção (cachorro, criança andando de bicicleta, arco-íris), ela escolhe o livro para ler e sabe explicar o porquê da escolha, ou seja, a criança não escolhe aleatoriamente. Ela revela critérios e é capaz de identificá-los, nos dois casos acima, ligados a elementos visuais que pesaram na escolha. Considerando estarem em pleno processo de alfabetização, os desenhos da capa são os elementos que mais contam no contato que estabelecem com o livro e as motivações para uma escolha se ligam ao universo de referências pessoais das crianças. Observamos ainda, durante a pesquisa, que a utilização de cores variadas na capa e a presença de imagens próximas ao universo infantil despertavam na criança o desejo de ler a obra, como revelaram muitos dos episódios.

Constatou-se que a capa causava "um impacto visual imediato no que diz respeito à cor e ao projeto" (POWERS, 2008, p. 7). Ela exercia uma espécie de sedução para a leitura, ou, quando não agradava, uma rejeição ao livro. Para Powers (2008, p. 6), "as crianças não fazem uma separação tão automática entre forma e conteúdo e podem estabelecer um vínculo emocional com um livro do mesmo modo como fariam com um brinquedo." E tal como se estivessem diante de um brinquedo, ao analisarem as obras, antes de definirem as suas escolhas, observavam atentamente a estética da capa como se o conteúdo interno do livro dependesse dessa forma de apresentação inicial do texto, que poderia ser uma porta que se abre ou uma porta que se fecha. O episódio a seguir corrobora com essa análise:

Data: 08/02/2017
[...]
Pesquisadora: Então... Quando você vai escolher um livro, o que você olha num livro? A primeira coisa que você olha, quando você vai escolher...
Kakashi: A capa.
Pesquisadora: A capa? Você acha ela importante?
Kakashi: Muito.
Pesquisadora: É?
Kakashi: Se não tivesse uma capa, os livros... é... eles não teriam... como saber um pouco.
Pesquisadora: Ah! Você acha que a capa ajuda a saber um pouco do livro? Por quê? O que a capa ajuda?
Kakashi: Ela ajuda a proteger o livro, a falar o nome do livro...
Pesquisadora: Hum... Isso tudo é na capa, né?
Kakashi: Hum... hum... (Concordando)
[...]
Kakashi: Hum... hum... Eu também vou olhando a capa pra ver qual é o nome da história... se é legal...

A fala dessas crianças expressa a posição da grande maioria participante da pesquisa, conforme mostram os registros em áudio e vídeo. Elas analisam a capa dos livros e reconhecem a sua importância no conjunto da obra: "Ela ajuda a proteger o livro, a falar o nome do livro...". Outro ponto apontado pelas próprias crianças, e que os episódios acima nos levam a pensar a respeito das capas, refere-se à importância delas no processo de levantamento de hipóteses do que pode ser encontrado no livro. "Uma das atividades do leitor, fortemente determinada pelos seus objetivos e suas expectativas, é a *formulação de hipóteses* de leitura" (KLEIMAN, 2002, p. 36, grifo do autor). Assim, a criança diz no último episódio transcrito: "Se não tivesse uma capa, os livros... é... eles não teriam... como saber um pouco", e completamos: um pouco do que o livro pode oferecer. Uma história se constrói com suposições feitas pelos leitores a partir das imagens e do título. As crianças pequenas ainda não correlacionam outros aspectos que contam nos processos seletivos dos adultos, como autoria ou editora. O comentário de Kakashi reforça isso quando, além de citar um aspecto funcional de proteção ao miolo do livro, reafirma as expectativas criadas pela capa a respeito do tema a ser tratado na obra. Portanto, por meio da leitura dos elementos que interessavam às crianças, elas imaginavam o provável enredo da obra, e essa materialidade influenciava positiva ou negativamente a relação com texto a ser lido.

Segundo Paixão (2008, In: POWERS, 2008), a capa representa o "rosto" de um livro. Para a criança, esse rosto desencadeia o processo de imaginação, atuando como parte da história que será narrada e não apenas como sua apresentação. Paixão prossegue a sua análise levantando uma questão para o leitor: "Quantas vezes não abrimos uma obra justamente porque a capa nos seduz e nos convida para além dela"?

> Essa máxima se torna ainda mais verdadeira quando se trata de alcançar a atenção (e a amizade) das crianças. Se

para os adultos o apelo comunicativo costuma ser desencadeado a partir de elementos ou códigos já conhecidos, no caso da imaginação infantil isso foge completamente à regra e ganha contornos de magia. Os olhos das crianças mantêm canal direto com o coração, não nos esqueçamos (PAIXÃO, 2008. In: POWERS, 2008, orelha da obra).

A pesquisa mostrou, como já dito, que para as crianças a capa influenciava decisivamente as suas escolhas. Um outro aspecto que avaliaram na capa foi a presença de muitas cores. Em geral, elas apreciavam imagens coloridas e bem definidas, rejeitando tendências monocromáticas ou com poucas cores, e também aquelas compostas por elementos abstratos. Vejamos um episódio que ilustra o que queremos mostrar:

>**Data: 08/02/2017**
>[...]
>**Pesquisadora:** Então, se você fosse falar para um escritor, o que não pode faltar num livro para criança, o que você falaria?
>**Kakashi:** Ah... Escritos... A capa também. Mesmo o livro sendo preto e branco, a capa tem que ser colorida.
>**Pesquisadora:** Ah é?
>**Kakashi:** Hum-hum(Concordando)
>**Pesquisadora:** Hum...(Silêncio)E tem outra coisa? Por exemplo, quando você abre o livro, o que você acha importante assim...
>[...]

A criança revela que "mesmo o livro sendo preto e branco, a capa tem que ser colorida". A utilização da expressão "tem que ser" nos mostra como a presença de cores na capa assume grande importância no processo de avaliação de um livro por esses pequenos leitores. Assim, além da presença de imagens que elas apreciavam – talvez pela familiaridade –, que apontaram à pesquisadora em episódios anteriores (menino andando de bicicleta, cachorro, arco-íris), a presença de cores variadas na capa foi outro elemento destacado por elas nas interações. O "tem que ser" da criança, sabemos ainda, pode ser compreendido como condição fundada nos repertórios que ela constrói à medida que vai tendo contato com a diversidade de livros que lhe é oferecida.

Ao longo da pesquisa, essa relação da criança com a capa dos livros mostrou-se forte e significativa. É possível, portanto, afirmar que a leitura da criança se inicia pela capa, particularmente pelas imagens presentes e cores utilizadas. Os títulos – o registro verbal que compõe com as imagens a capa – também são considerados, mas não com igual peso. Ouvir o que dizem as crianças que aprendem a ler sobre seus gostos e critérios pode ser o primeiro passo para mediadores que queiram obter êxito no processo de conquistá-las para o mundo da leitura. Compreender por onde passam os valores estéticos que elas defendem pode contribuir não só para o diálogo sobre as preferências daquele momento de formação como para a abertura de perspectivas para novas estéticas.

Referências

CARVALHO, Ana Maria Almeida *et al.* O uso de entrevistas em estudos com crianças. *Psicologia em Estudo*, Maringá, v. 9, n. 2, p. 291-300, maio/ago. 2004.

CHAMBERS, Aidan. *Dime*: los niños, la lectura y la conversación. Tradução de Ana Tamarit Amieva. México: FCE, 2007. 171 p.

CORSARO, William. *Sociologia da infância*. 2. ed. Tradução de Lia Gabriele Regius Reis. Porto Alegre: Artmed, 2011. 384 p.

COSSON, Rildo. *Círculos de leitura e letramento literário*. São Paulo: Contexto, 2014. 192 p.

DANIELS, Harvey; STEINEKE, Nancy. *Mini-Lessons for Literature Circles*. Portsmouth: Leigh Peake, 2004. 292 p.

ESTEVES, Carla Hiolanda Ferreira. Entrevistar crianças/jovens: relato de uma experiência em contexto hospitalar. *Saber e Educar*, Porto, n. 19. p. 96-105, 2014.

FOLQUE, Maria Aassunção. Interviewing Young Children. In: NAUGHTON, Glenda Mac; ROLFE, Sharne A.; SIRAJ-BLATCHFORD, Iram. (Org.). *Doing Early Child Hood Research*. International Perspectives on Theory and Practice. 2nd. ed. Berkshire, England: Open University Press; McGraw-Hill Education, 2010. p. 239-260.

JAVEAU, Claude. Criança, Infância(s), Crianças: que objetivo dar a uma ciência social da infância? *Educação e Sociedade*, Campinas, v. 26, n. 91, p. 379-389, 2005.

KLEIMAN, Angela. *Texto e leitor*: aspectos cognitivos da leitura. 8. ed. Campinas: Pontes, 2002. 84 p.

PAIXÃO, Fernando. Apresentação. In: POWERS, A. *Era uma vez uma capa*. Tradução de Otacílio Nunes. São Paulo: Cosac Naify, 2008.

POWERS, Alan. *Era uma vez uma capa*. Tradução de Otacílio Nunes. São Paulo: Cosac Naify, 2008. 144 p.

VIANNA, Heraldo. *Pesquisa em educação*: a observação. Brasília: Editora Plano, 2003. 106 p.

A reedição das obras de Monteiro Lobato

Isabel Lopes Coelho

Um dos adventos literários mais importantes deste começo de século XXI no Brasil foi a liberação dos direitos autorais das obras de Monteiro Lobato. Imbuídas de um sentimento quase patriótico, finalmente as editoras têm a oportunidade de publicar, em diversos formatos e concepções, os livros de um dos mais consagrados escritores da nossa literatura. Há de se admitir, no entanto, que Lobato, apesar de ter tal reconhecimento, carrega também o peso de ser um autor pouco lido pelas novas gerações. Esse descompasso entre prestígio literário e menor popularidade entre os leitores contemporâneos advém de uma série de fatores. Entre eles, uma presença tímida, nas últimas décadas, de seus livros nas livrarias e também nas listas de leituras obrigatórias das escolas, estas últimas responsáveis por grande parte da formação leitora de crianças e jovens brasileiros. Para além dos motivos mercadológicos, que dificultaram a disseminação da obra de Lobato entre a nova geração de leitores, há também de se considerar a predileção deste público por obras contemporâneas, de linguagem e temática mais próximas de seu universo.

No momento em que as mais variadas editoras preparam inúmeras edições da obra lobatiana, algumas inquietações sobre seus textos ganham protagonismo. Do ponto de vista do mercado, sabe-se, por exemplo, quem é o leitor de Lobato neste século XXI? Quão próximo esse leitor está, de fato, dos textos lobatianos, escritos no milênio passado? Qual a real fruição literária que esse leitor pode experienciar nos tempos atuais? Tais questionamentos são capitais para a condução do processo editorial, que também tem como uma de suas funções ressignificar obras literárias para o tempo presente. O especialista João Luís Ceccantini anteviu essa preocupação e conduziu uma pesquisa com alunos do 5º ano do Ensino Fundamental, em 2007, a partir da obra *A chave do tamanho*. A justificativa de Ceccantini para iniciar a pesquisa baseia-se justamente na verificação da pertinência da obra lobatiana para o leitor nascido mais de sessenta anos depois da publicação dos livros de Lobato. Nas palavras de Ceccantini:

> A obra infantil de Monteiro Lobato, embora defendida como imprescindível à formação dos leitores brasileiros por inúmeros mediadores, presta-se exemplarmente a essa discussão. Legitimada pela crítica especializada e pela historiografia literária, que o têm como um fundador absoluto, e reverenciada por gerações sucessivas de leitores que alegam ter-se tornado leitores nas movimentadas páginas de aventuras da "turma do Sítio", a obra infantil de Lobato divide opiniões quanto a sua legibilidade nos dias de hoje. Há aqueles que acreditam que se trata de um autor que simplesmente envelheceu — tanto no âmbito dos temas como no da forma — e há outros que acreditam que sua obra esteja ainda hoje vivíssima, sendo plenamente legível pelas crianças e jovens de nossos dias. (CECCANTINI, 2008, p. 12)

No trecho destacado, Ceccantini toca em um ponto central. Parece não haver dúvidas em relação à validade da obra de Lobato para a cultura literária brasileira – e, porque não, mundial? –, seus textos são reverenciadas por leitores críticos, adultos ilustrados conscientes dos êxitos de Lobato nas transformações estéticas da escrita para crianças no Brasil. A admiração pelo autor, como pontua Ceccantini, também está associada à memória afetiva de uma infância leitora, o que, por si só, legitimaria a indiscutível importância do autor para a posteridade.

Essas inquietações põem em discussão a questão do estabelecimento de cânones literários. Em certa medida, também representam um grau de maturidade da nossa literatura infantil, ao proporcionar obras que quebram paradigmas e estabelecem novos graus de complexidade na criação de textos. Dentro de uma cultura que segrega a literatura produzida para as crianças daquela produzida para adultos, inclusive no âmbito comparativo em relação à qualidade, reconhecer Lobato como herança cultural é um passo importante para uma compreensão mais generosa e justa do papel transformador e vanguardista da literatura infantil brasileira.

No entanto, vale lembrar que o estabelecimento da relevância de uma obra literária para a historiografia pouco tem a ver com a opinião de seus leitores. O cânone literário, em sua maioria, é estabelecido por um grupo de pessoas que carregam títulos de especialistas. São curadores para um público mais leigo ou que necessita de orientação para suas escolhas literárias. Quando o tema é literatura infantil, a crítica ao estabelecimento de obras canônicas reside no fato de que a criança não participa do processo, colocando em xeque as reais motivações para a chancela. Há, de início, um interesse do adulto em relação ao que a criança deve ler, por diversos motivos, desde os simbólicos – o que a obra representa como alegoria sobre a cultura da infância – aos interesses mais objetivos, como a instrumentalização literária. O professor Peter Hunt dedica grande parte de seu livro *Crítica, teoria e literatura infantil* à observação de como se estabelece o cânone da literatura infantil, um movimento complexo justamente porque o leitor alvo não está presente na discussão. Hunt traz uma visão um tanto quanto polêmica sobre o processo. Segundo o especialista:

> Precisamos adotar o conceito óbvio de que "literatura" é a escrita autorizada e priorizada por uma minoria influente. A noção de "cânone" ou "corrente principal" é uma construção social. Esse "cânone" tem sido influenciado pelas universidades e, para que a literatura infantil

aceda a essa condição privilegiada, deve se tornar parte da estrutura de poder ou essa estrutura precisa mudar. (HUNT, 2010, p. 87-88)

Hunt coloca em perspectiva a ideia de cânone como uma decisão absoluta à medida que o traduz sob a ótica de uma "construção social", ou seja, estabelecido por um grupo e aceito pela sociedade. O especialista também retoma um tema importante para a discussão de estabelecimento do cânone: a presença da opinião acadêmica. O que Hunt revela é o peso do discurso de especialistas das universidades para atestar a qualidade de uma obra literária. Em Lobato, essa situação é absolutamente identificável. Os inúmeros trabalhos depositados nas faculdades sobre a obra do autor – que devem ser interpretados de maneira positiva pelo interesse e produção de pesquisa –, associados a uma quantidade muito pequena de trabalhos críticos efetivamente publicados, restringiram a interpretação de Lobato ao público acadêmico. Uma vez que tais pesquisas não chegam aos mediadores de leitura, a consequência desse processo é o distanciamento do autor do universo prático dos leitores.

As questões apresentadas anteriormente são fundamentais para desenhar o projeto de reedição da obra de Monteiro Lobato, em decorrência da liberação dos direitos de publicação – o que vulgarmente se denomina "domínio público" no jargão editorial –, como explicado acima. O texto a seguir dedica-se a apresentar o processo editorial de reedição para a publicação das obras de Lobato na FTD Educação, o qual tive o privilégio de coordenar. Antes de adentrar no processo, vale a pena resgatar a premissa de que a edição de uma obra parte de uma mesma intenção, que deverá ser respeitada por todas as áreas envolvidas no processo, da edição à produção gráfica. Cada aspecto, cada escolha e decisão surgem de um mesmo núcleo conceitual, dos pequenos detalhes como a escolha da fonte, a questões mais abrangentes, como o acabamento do livro físico.

No projeto de reedição, a seleção e publicação das obras de Monteiro Lobato partiram da percepção de que tanto as crianças como os mediadores de leitura estão distantes da obra do autor, pelos motivos observados anteriormente. Portanto, o projeto deveria contemplar esse importante dado, em muitos casos alheio inclusive aos próprios especialistas.

Nesse sentido, o primeiro objetivo do projeto de reedição das obras do autor seria reapresentá-lo ao público atual, resgatando sua importância historiográfica e, sobretudo, introduzindo informações básicas sobre sua biografia e o contexto da época. Esse material extra ao texto lobatiano deveria levar em consideração dois públicos distintos, porém, aliados no processo de leitura: as crianças e jovens e seus mediadores. Assim, o estabelecimento da linguagem editorial – atender desde crianças a adultos – se mostrou, desde o início, um desafio. Uma outra questão derivada dessa premissa editorial é o limite entre acrescentar conteúdos para além do texto primordial, sem que essa ação torne o livro um paradidático, descaracterizando-o de sua essência literária.

A estratégia editorial de resgate do autor incluiu convidar escritores e figuras notórias para escrever textos de orelha, quarta capa e outros aparatos. Com isso, procurou-se manter editorialmente o prestígio do autor em uma comunicação mais próxima do leitor atual. Fernando Paixão, notório editor e poeta, assina o texto biográfico das obras que compõem os livros da série *Reinações de Narizinho*. Nesse texto, Paixão tem a delicadeza de apresentar informações sobre a vida de Lobato em uma linguagem poética, sem abdicar do comentário. Assim, ao invés de um texto formal que cumpre uma função informativa, Paixão o transforma em um convite à leitura. O começo do texto já anuncia o tom:

> Depois de ter lido este livro, que tal saber algo mais sobre o autor?

É sempre bom conhecer quem escreveu a história, pois dessa maneira podemos entender melhor o que nela acontece.
E, neste caso, trata-se de um escritor especial.
Tão especial, que encanta os leitores, desde o século passado, com as suas invenções literárias. Coisa rara de acontecer.

A sensibilidade de Paixão o permite condensar diversas informações em poucas frases. O poeta e editor introduz algumas ideias: de que existe um contexto histórico no qual a narrativa foi escrita, de que se trata de autor de prestígio. O trecho também abrange a noção temporal – trata-se de um autor do "século passado" – e, sobretudo, o inquestionável legado de Lobato por ter criado uma literatura absolutamente original, algo "raro de acontecer". Antes mesmo de entrar nos fatos que marcaram a vida de Monteiro Lobato, sugere que se trata de um homem com uma vida muito interessante, quase tanto quanto suas próprias histórias. Dessa maneira, cumpre-se a função editorial da apresentação do autor em um texto que ainda se propõe a ser literário, sem, contudo, destoar da expectativa de encantamento próprios ao gênero. Esse detalhe pode parecer banal à primeira vista, mas revela-se de grande importância para manter a coesão do livro em termos de linguagem.

Outra situação editorial que cumpre a função de apresentar as obras de Lobato para os leitores contemporâneos a partir de um vínculo emocional aparece na obra *O picapau amarelo*. Nesse caso, a escritora convidada para introduzir a obra foi a consagrada Fernanda Lopes de Almeida. Autora de "clássicos" como *A fada que tinha ideias*, ainda muito lido por crianças em fase de alfabetização, a escritora relembra seus tempos de criança e relata a sensação de reencontrar Lobato agora, na idade madura:

> Quando era criança, receber de presente um livro de Monteiro Lobato era como ganhar um ingresso para o mundo ideal. Aquela mistura do maravilhoso com o dia

a dia mais corriqueiro é a perfeita tradução do universo infantil. Fui apresentada aos habitantes do Sítio do Picapau Amarelo num volume que continha várias histórias, depois publicadas separadamente. Chamava-se Reinações de Narizinho. Então, durante algum tempo, simplesmente morei no Sítio.

Nesse depoimento particular, uma grande autora da nossa história contemporânea revela a importância do contato com as obras de Lobato, reafirmando ao leitor a dimensão afetiva de crescer tendo Lobato como cúmplice. Fernanda Lopes de Almeida ressalta a conexão entre o ordinário e o fantástico, próprios da fabulação infantil e muito presentes na obra de Lobato. Seu texto termina no mesmo tom emotivo do início, dessa vez com o olhar adulto, garantindo também a empatia de leitores não-crianças:

> Reencontrando agora o Sítio do Picapau Amarelo, que não visitava há tanto tempo, voltei a dar uma olhada naquele mundo fascinante em que receber a visita do Compadre Teodorico ou a de Dom Quixote de La Mancha é igualmente natural. E tomei uma resolução: vou reler toda a obra de Lobato para crianças e me dar o direito de, pelo menos durante a leitura, ignorar as amarras do chamado "senso comum".

A escritora faz questão de alçar Lobato ao *hall* dos grandes escritores da literatura mundial, como Miguel de Cervantes, e reafirma como as obras do autor ultrapassam o tempo da infância. O final do texto deixa uma provocação. Com as polêmicas contemporâneas em torno da figura do autor, a escritora convida o leitor a mergulhar nas obras sem estigmatizá-lo, "pelo menos durante a leitura".

Um outro recurso editorial usado nesse livro, dentro do intuito de apresentar e contextualizar autor e obra, são as notas laterais, chamadas de roda-braço. As notas têm a função de esclarecer termos e passagens que não são mais comuns ao linguajar contemporâneo e, por isso, podem causar entraves de interpretação. Quando, por exemplo, Emília, em *A reforma da natureza*, explica que a malária e a febre amarela são transmitidas por mosquitos e, para afastá-los, Dona Benta usa muito *Flit*, valeu-se usar a nota de roda-braço para esclarecer tratar-se de um inseticida da época. Ou expressões como "ver se as unhas estavam pretas", nada usual no vocabulário de hoje. Dentro ainda da intenção de criar um universo editorial coeso, as notas foram escritas aproximando-se da linguagem lobatiana, garantindo o aspecto lúdico, mesmo nas inserções de caráter mais explicativo.

Junte-se a essa intenção – a de esclarecer o vocabulário próprio do tempo do autor – a inclusão de um "glossário" nada convencional, de criação exclusiva da equipe editorial, denominado "Caderno de citações do Visconde de Sabugosa". Esse material, alocado ao final da história, une a característica de Lobato de colecionar palavras e expressões à função editorial de contextualizar a obra em seu tempo. Ao melhor estilo lobatiano, algumas passagens das obras são explicadas utilizando-se como recurso a criatividade do universo do autor. Criou-se, portanto, uma "ficção dentro da ficção" com fim informativo. A nota editorial diz:

> Monteiro Lobato tinha o costume de anotar frases, citações. Foi ele mesmo que contou ao seu amigo Godofredo Rangel, em uma carta: "quando topo palavra que desconheço, ou conheço mal, ou que também se usa em sentido diferente do familiar, anoto-a com toda a frase que está metida".
> O que ninguém sabia era que o Visconde de Sabugosa também colecionava citações. Pesquisas realizadas na famosa canastrona da Emília – a maleta de couro que ela ganhou de Dona Benta – revelaram vários caderninhos com citações cuidadosamente copiadas e comentadas por ele.
> Vire a página e conheça algumas citações do Visconde!

A confusão é proposital. O tom de "verdade" do texto serve de recurso para manter, mais uma vez, o caráter literário da obra como um todo, sem abrir mão da oportunidade de dialogar com o leitor contemporâneo.

Um outro exemplo que vale a pena ser mencionado foi o destaque nas obras da coleção *Os Doze Trabalhos de Hércules*. Historicamente, os livros dessa coleção ficaram à margem do conjunto de obras do autor. Hoje, porém, sabe-se que esse julgamento empobrece a compreensão de um momento muito importante da carreira literária de Lobato. Trata-se dos últimos livros escritos pelo autor para o público infantil e que têm a grande função de encerrar as aventuras dos personagens do sítio. O escritor se volta para o mundo grego antigo para poder colocar um ponto final em sua criação. O pesquisador Emerson Tim, em seu ensaio "O 13º trabalho de Lobato" esclarece melhor a questão:

> Os *doze trabalhos de Hércules* é a obra de encerramento da epopeia do Sítio do Picapau Amarelo. Surge como o livro de arremate de toda a saga – e que tema para um livro de encerramento seria mais glorioso que os épicos trabalhos de Hércules? Mas não apenas por isso o livro é o corolário da obra infantil lobatiana. Isso ocorre também porque a obra funciona como um longo exercício de reminiscências das aventuras anteriores dos pica-pauzinhos: se isso é verdade em relação à edição primeira, de 1944, não o deixa de ser também em relação à definitiva, embora em menor escala. Todavia, aqui encontramos ainda referências a aventuras anteriores, como *O minotauro* e *Reinações de Narizinho*, por exemplo, que fazem com que o Hércules funcione como a grande chave de ouro da epopeia infantil lobatiana; é com a epopeia dos doze trabalhos de Hércules que dá o arremate ao projeto pedagógico lobatiano: a educação é que faz as criaturas. (TIM, 2008, p. 484)

Após minuciosa pesquisa entre as edições publicadas em vida pelo autor, Tim ressalta que houve um exercício proposital de revisitar trechos de suas próprias histórias, como se ele se despedisse dos principais momentos de sua obra. Nessa coleção ímpar, na qual Lobato recupera os grandes personagens da mitologia grega e os une à turma do sítio, fazia-se necessário introduzir o universo grego e sua importância para o legado da cultura universal. Aqui, optou-se por convidar a professora de grego Adriane da Silva Duarte para resgatar as façanhas das personagens mitológicas em sua origem e explicar como Lobato apropriou-se desse universo para inclui-lo na sua criação. Após resgatar a origem dos trabalhos de Hércules, Duarte relembra a intenção de Lobato:

> Monteiro Lobato baseou-se em várias fontes para contar a história desse grande herói. Na sua versão, o grego tem a companhia de Pedrinho, Emília e do Visconde de Sabugosa. Sem a ajuda dos "picapauzinhos", as dificuldades de Hércules para realizar as tarefas dadas pelo rei Euristeu teriam sido muito maiores. As ideias de Emília, a coragem de Pedrinho e a sabedoria do Visconde complementam a força de Hércules, fazendo deles uma turminha verdadeiramente invencível.

Tais exemplos podem parecer ordinários aos olhos de muitos pesquisadores, mas vale ressaltar que, no âmbito do processo de edição, esses aparatos – como costumam ser chamados dentro do jargão editorial os textos de quarta capa, orelha, apresentação e todos os demais conteúdos de apoio – representam a tônica da intenção do projeto editorial de uma editora. Portanto, devem ser valorizados não apenas como um investimento que enobrece ainda mais a obra – para além do próprio texto do autor – mas que também estabelece um diálogo direto com o leitor.

O segundo objetivo estabelecido pela equipe editorial levou em consideração a pertinência e a dificuldade da leitura da obra de Lobato para os dias atuais, pelas razões descritas anteriormente. Essa situação se torna mais delicada dentro do projeto da FTD, que se propôs a publicar um espectro grande e volumoso de obras do autor. Lobato é muito conhecido no imaginário infantil pelos personagens que marcaram o Sítio do Picapau Amarelo, frequentes na grande maioria das obras do autor dedicadas ao leitor infantil. Há, portanto, uma tendência a considerar as histórias do sítio como um único e grande repositório de histórias. Fato é que Lobato foi também um editor de seu tempo, implicando imediatamente em uma visão preocupada com o dinâmico mercado que se aquecia. A partir das experiências de recepção de suas obras, Lobato modificou-as para adequá-las melhor às críticas da época – seja do ponto de vista da estrutura ou mesmo de escrita.

Fez-se necessário, portanto, observar com distanciamento a obra de Lobato e escolher, dentre a vastidão de escritos, aqueles que eram mais pertinentes, dignos de uma republicação. Para mergulhar nesse complexo universo, contou-se com a ajuda de especialistas que se dedicaram à pesquisa da obra de Monteiro Lobato – o seleto grupo responsável pelo estabelecimento do cânone. Em certa medida, tais especialistas já haviam feito um primeiro mapeamento em suas próprias pesquisas. Para assinar a consultoria geral, a editora contou com o professor João Luís Ceccantini, grande conhecedor do autor e um dos mais brilhantes especialistas em narrativas infantis e juvenis do Brasil. A consultoria técnica, que de fato acompanhou o dia a dia do trabalho editorial contribuindo com preciosas informações e dicas editoriais, foi composta por Emerson Tim, Hélio de Seixas Guimarães e Milena Ribeiro Martins. Mais do que especialistas, essa equipe consultora teve grande sensibilidade para compreender o universo de alcance das obras da FTD – em nível nacional – e participou ativamente do desenho do projeto Monteiro Lobato na editora. Para além da publicação das obras, a ambição era realizar um trabalho de impacto e visibilidade.

Os primeiros meses de trabalho foram dedicados a estruturar um mapa com os textos de Lobato, verificando suas potencialidade e pertinência, além de sugerir o segmento de divulgação em termos de orientação para a leitura no ambiente escolar. Nesse grande mapa, ficou evidente que há uma distinção de linguagem e também de tamanho de texto que permite a separação das obras mais conhecidas de Lobato em coleções, organizando, assim, os títulos por afinidades eletivas. Obras vulgarmente chamada de "clássicos de Lobato" — *Caçadas de Pedrinho*, *Fábulas*, *O Saci*, *Peter Pan* — apresentam uma estrutura de narrativas complexas e volumosas. Visivelmente, formam um contexto literário comum, ainda que suas histórias não tenham sequência entre si. Pelas semelhanças estético-literárias, dentro do projeto editorial de republicação das obras de Lobato, fez sentido agrupá-las em uma única coleção, de maneira a organizar para o leitor o percurso literário do autor. Dessa forma, criou-se a coleção Maravilhas de Lobato, que inclui, além dos títulos mencionados acima, o já citado *O picapau Amarelo*.

Sabendo que essa seria uma das principais coleções do projeto, inúmeros detalhes envolveram o processo editorial dos livros que a compõem. A começar pela percepção de que, por trata-se de textos mais longos, o *layout* da coleção deveria sugerir uma obra mais afinada com o leitor experiente do que o julgamento chamado de infantil. Nessa proposta, o formato escolhido atende tais expectativas, sendo o texto aplicado em uma caixa ajustada para o centro do livro, deixando um espaço para as notas laterais. A fonte e o espaçamento entre linhas são generosos, mas não a ponto de criar buracos brancos na mancha, o que também caminha para uma interpretação gráfica de obra literária de fôlego. Em fina sintonia com o projeto gráfico, estipulou-se que todos os livros conteriam ilustrações apenas nas aberturas de capítulos, pois não caberia conferir à narrativa ares de livro ilustrado. Ainda sobre a disposição gráfica alinhada ao projeto editorial, as palavras ou expressões de época que mereciam uma breve explicação para o leitor da atualidade ganharam um destaque em cor no texto. Um efeito visível, porém sutil. O projeto gráfico da coleção Maravilhas de Lobato concede ao texto tal maturidade que tiram as obras de um âmbito exclusivo da leitura para crianças e as tornam graficamente interessantes para um público mais abrangente — partindo-se do pressuposto do senso comum de que o leitor fluente não se sente à vontade com livros excessivamente ilustrados, o que também é uma compreensão equivocada e limitada acerca do livro ilustrado.

Um derradeiro detalhe do projeto gráfico dessa coleção, que também está associado ao processo de interpretação literária das obras, foi a inclusão do Mapa das Maravilhas, uma tentativa visual de reunir em um único desenho a projeção do que seria um universo que agrupasse todos os lugares criados e citados por Lobato em suas obras. Assim, o Sítio do Picapau Amarelo convive com o Bairro da Imaginação Grega, com o Palácio da Sherazad, o Reino das Águas Claras e até a Terra do Nunca e o País dos Espelhos.

As observações de projeto gráfico aliam-se ao terceiro objetivo que é o irrefutável desejo de modernizar o aspecto gráfico das obras, na tentativa de criar um novo modelo imagético para a tão consolidada representação pictórica das personagens, além de conferir às edições uma linguagem gráfica mais próxima da expectativa dos leitores e artistas contemporâneos.

Uma outra grande contribuição da equipe de especialistas aliada aos editores envolvidos no projeto é dar vazão à grande quantidade de textos, ficcionais ou não, produzidos pelo autor, desconhecidos do público atual. Nesse sentido, ao invés de levantar a bandeira de publicação das obras completas de Lobato, a equipe editorial preferiu organizá-las em coleções de maneira a dar visibilidade a detalhes de cada nicho de obras, dentro da grande variedade narrativa da produção lobatiana e também a atender leitores de competências diversas, dos menos experientes aos críticos.

Como exemplo, vale destacar a coleção Meu Primeiro Lobato, que pinça pequenos episódios do vasto material lobatiano e os transforma em livros ilustrados. Um dos destaques da coleção é, sem dúvida, a carta que Lobato escreveu ao seu grande amigo Godofredo Rangel em 1915. Nesta carta, Lobato relata o inusitado episódio de ter encontrado na praia de Itanhaém, no litoral paulista, dois pinguins. A carta descreve como o autor pegou o bonde com um dos pinguins, mas foi impedido de seguir viagem pelo condutor. Tal "achado" editorial, contribuição inestimável da equipe de especialistas envolvida no projeto, demandava ilustrações que detalhassem o cenário de época, bem como retratasse o protagonista com ares de Lobato. O ilustrador convidado para realizar esse trabalho foi o mineiro Nelson Cruz, reconhecido por seus traços angulares e por representar textos de época e "personagens reais". O resultado da obra intitulada *O pinguim que andou de bonde* não poderia ser mais satisfatório. E que emoção ver, em um livro sensível e tocante, a figura de Lobato retratada em sua própria narrativa.

Esse breve relato certamente não faz jus aos dois anos de trabalho e pesquisa que culminaram com a publicação de quinze obras lobatianas, organizadas em cinco coleções. Mas tenta demonstrar como um projeto editorial de grande porte exige um grau de envolvimento tão elevado que ultrapassa a mecânica diária da vida de uma editora. Sobretudo quando todos os aspectos e áreas que envolvem a publicação de um livro envolvem-se em um objetivo comum. Este é o grande trunfo de um projeto editorial: a sintonia de uma equipe multidisciplinar em prol de um único objetivo. O processo é similar ao de uma orquestra, na qual todos os músicos demonstram suas habilidades individuais porém dentro de um espectro maior, em um único compasso.

Referências

CECCANTINI, João Luís; MARTHA, Alice Áurea Penteado (Org.). *Monteiro Lobato e o leitor de hoje*. São Paulo: Cultura Acadêmica, 2008.

HUNT, Peter. *Crítica, teoria e literatura infantil*. Tradução de Cid Knipel. São Paulo: Cosac Naify, 2010.

LOBATO, Monteiro. *A Hidra de Lerna*. Ilustrações de daniloz, apresentação de Adriane da Silva Duarte. São Paulo: FTD, 2019.

____. *O picapau amarelo*. Ilustrações de Zansky. São Paulo: FTD, 2019.

____. *O pinguim que andou de bonde*. Ilustrações de Nelson Cruz. São Paulo: FTD, 2019.

O tamanho da chave: as astúcias de Monteiro Lobato e do mercado editorial

Eliane Aparecida Galvão Ribeiro Ferreira
Thiago Alves Valente

Ainda uma chave

> – Que legal! Agora vou viajar com a chave da casa no bolso; não vou ter mais problema nenhum. [...] [diz a personagem Alexandre]
> Lygia Bojunga Nunes (2002, p. 94. In: *A Casa da Madrinha*).

Atualmente, o mercado editorial brasileiro demonstra sinais de amadurecimento de uma produção livresca pautada pela qualidade gráfica e diversidade de formatos e assuntos. O investimento no projeto gráfico atinge tanto autores novos, quanto autores reconhecidos, cujas obras são reeditadas com recursos atraentes aos potenciais leitores. Dessa forma, esses recursos dão suportes móveis às possíveis atualizações do texto, permitindo que se estabeleça, segundo Chartier (1996), um comércio eficaz entre textos imóveis e leitores que se alteram, traduzindo no impresso as mutações do público e propondo novas significações além daquelas que o autor pretendia.

Ainda conforme Chartier (2014), o livro impresso apresenta inovações que modificam a relação do leitor com o material escrito. Essas inovações constituem paratextos. Para Gerard Genette, "[...] os meios e os modos de um paratexto mudam continuamente, dependendo do período, cultura, gênero, autor, obra e edição" (GENETTE *apud* CHARTIER, 2014, p. 235). O paratexto, assim, pode ser dividido em duas partes: o peritexto, que se refere àquilo que compõe materialmente a obra, como título, subtítulo, cores, índice, epígrafe, prefácio, posfácio, notas, ilustrações, entre outros elementos – definido como toda circunferência imagética do livro –; e o epitexto, que se refere àquilo que é produzido sobre a obra, tais como comentários, críticas, entrevistas, entre outros. Desse modo, a recepção de um livro pode influenciar na constituição de seu epitexto, seja por parte da crítica, seja dos leitores.

Segundo Genette (2009, p. 9-10), o paratexto é formado por caracteres que constituem uma espécie de adorno ao texto, compreendendo "[...] aquilo por meio de que um texto se torna livro e se propõe como tal a seus leitores, e de maneira mais geral ao público. Mais do que um limite ou uma fronteira estanque, trata-se aqui de um *limiar* [...] que oferece a cada um a possibilidade de entrar, ou de retroceder". O paratexto influencia no sentido e na economia do livro, consiste em uma mensagem em forma material e possui um lugar "[...] que se pode situar em relação àquela do próprio texto: em torno do texto, no espaço do mesmo volume, como o título ou o prefácio, e, às vezes, inserido nos interstícios do texto, como os títulos de capítulos ou certas notas" (GENETTE, 2009, p. 12). Para esse pesquisador, as ilustrações configuram-se como termos acessórios para a compreensão do discurso que se inicia na sequência. A opção do editor por entremear a narrativa com ilustrações coloridas, dotadas de linhas simples, indica uma abertura editorial para um público leitor pertencente a faixas etárias infantis e juvenis. No plano semântico, as ilustrações funcionam ou como auxiliares do processo de apreensão de sentido, ou como colaboradoras, ampliando, assim, os significados do texto verbal. Nos dois casos, elas auxiliam na definição do horizonte de expectativas do público.

Em relação às pesquisas de Genette e Chartier, Silvia Helena Simões Borelli (1996, p. 161) destaca que o "peritexto" representa o "[...] espaço de construção de múltiplas textualidades que se articulam ao redor, às margens, nas bordas, na periferia da escritura propriamente dita". Assim, a peritextualidade expõe no âmbito interno do livro um processo externo a ele: o da produção da literatura no campo editorial, refletindo a industrialização do trabalho e o produto, como resultado das atividades de vários autores. Instaura-se, dessa forma, o paradoxo da diluição da autoria, pois "[...] o texto não é apenas de responsabilidade do autor/escritor que escreve a história, mas a identidade literária configura-se também pela articulação de outros autores responsáveis pela edição ou produção das espacialidades, das materialidades" (BORELLI, 1996, p. 161).

Desse modo, por meio do trâmite de processamento das histórias, a figura do editor tanto pode adquirir papel significativo na preservação da memória literária, seguindo o raciocínio inicial de quem cria as histórias, quanto apresentar interferência naquilo que o autor desejou transmitir, divulgando noções implícitas nas entrelinhas do discurso. O jovem leitor com pouco contato com obras diversas prefere aquelas que apresentam paratextos (= peritexto + epitexto) com função utilitária, pois lhe permitem que a obra original se torne mais próxima. Esses elementos impõem ao leitor uma posição relativa à obra, uma inscrição do texto em um repertório de referências e convenções, uma maneira de ler e compreender com fins utilitários, por exemplo.

A elaboração de alguns paratextos revela, em sua constituição, que se ignora a imanência do texto literário aberto a inúmeras leituras em função das disposições individuais, culturais e sociais de cada leitor. Desse modo, o horizonte de expectativa dos leitores é concebido como unitário, fundado sobre uma experiência partilhada que permite o deciframento "correto" dos sinais textuais depositados no texto. As concepções desses editores acerca das competências culturais de seu público revelam a projeção de leitores inexperientes, incapazes de sentir prazer com o diferente ou com o que representa interpretação, que buscam na leitura facilidade e imediatismo de informações úteis.

Frente a essas colocações, temos como objetivo, neste capítulo, analisar uma edição recente de *A chave do tamanho*, do escritor brasileiro Monteiro Lobato (1882-1948), publicada pelo selo editorial Globinho em 2016, terceira da versão adotada pela empresa para o público infantil. Não se trata, pois, de cotejo com as primeiras edições da Companhia Editora Nacional, publicadas a partir de 1942, mas de uma reflexão, a partir dos paratextos, sobre os discursos que visam ao destinatário atual.

Monteiro Lobato na história da literatura infantil

Reconhecido como um divisor de águas da produção literária voltada às crianças, Lobato apostou na fantasia, na curiosidade, no humor, na imaginação e na inteligência, conforme registra Leonardo Arroyo (1968), identificando-o justamente como esse marco na literatura infantil brasileira:

> Embora estreando na literatura escolar com *Narizinho Arrebitado*, Monteiro Lobato trazia já com seu primeiro livro as bases da verdadeira literatura infantil brasileira: o apelo *à imaginação* em harmonia com o complexo ecológico nacional; a movimentação dos diálogos, a utilização ampla da imaginação, o enredo, a linguagem visual e concreta, a graça na expressão – toda uma soma de valores temáticos e lingüísticos que renovava inteiramente o conceito de literatura infantil no Brasil, ainda preso a certos cânones pedagógicos decorrentes da enorme fase da literatura escolar. Fase essa expressa, geralmente, num português já de si divorciado do que se falava no Brasil. (ARROYO, 1968, p. 198)

As inovações que Lobato realiza partem de uma tradição daquilo que se considerava literatura infantil. Esse escritor recorre à fonte europeia e dali passa a compor outro projeto de literatura para crianças, somente possível no diálogo e contraste com os clássicos que relê e reescreve. Neste capítulo, entende-se como vocábulo clássico aquele que se associa "[...] tanto a autores considerados superiores e excelentes, que são lidos nas escolas, quanto a autores gregos e latinos, e a autores que os imitam." (CORSO, 2007, p. 14). Os dois sentidos do vocábulo, em relação a Lobato, mostram-se pertinentes.

Atento ao mercado editorial, o escritor retoma os temas correntes bem como os gêneros praticados e, aí sim inovador, rompe com as fórmulas consagradas ao introduzir elementos característicos de sua produção. Seu projeto de obra para o público infantil recorre a todas as saídas apontadas por Regina Zilberman (2005, p. 15-16) quanto ao mercado editorial: tradução de obras estrangeiras; adaptação para os pequenos leitores de obras destinadas originalmente aos adultos; reciclagem de material escolar, já que os leitores que formavam o crescente público eram igualmente alunos e estavam se habituando a usar o livro didático; e apelo à tradição popular, aproximando as crianças de histórias parecidas àquelas que mães, amas-de-leite, escravas e ex-escravas lhes contavam em voz alta, desde a primeira infância. Recorrendo, assim, a uma tradição literária e construindo, a partir dela, outra possibilidade de realização da narrativa infantil, Lobato muda o vetor da produção direcionada às crianças, consolidando o gênero "infantil" em terras brasileiras.

A chave do tamanho é um dos últimos livros de Lobato para crianças. Nele, encontra-se um texto completamente integrado às regras do imaginário criado no Sítio do Picapau Amarelo, bem como temas que ressurgem e outros que ingressam no todo da obra. A trama se inicia com a chegada "da correspondência", quando Pedrinho lê as notícias sobre a Segunda Guerra Mundial (1939-1945), mote que permitirá ao narrador introduzir Emília e demais personagens dentro de uma temática bastante árida ao leitor infantil, a guerra, e como decorrência abordar temas como a relatividade dos valores, o papel da ciência e as relações políticas do momento vivenciado por Lobato.

A oposição antitética grande/pequeno, como muito bem analisou Maria Alice Faria (1983), é estabelecida desde o início: os habitantes do sítio contemplam o pôr do sol, a grandiosa beleza de um astro, a amplitude do universo, sendo que, momentos depois, estariam descortinando outros horizontes, não mais naquilo que se pode caracterizar como macro, mas como micro. O devaneio miniaturizante instaura-se e surgem arquétipos de aspectos essenciais da vida humana, quais sejam; a alimentação, o abrigo, a luta pela sobrevivência. Em consonância com Nelly Novaes Coelho (2005, p. 57), entende-se, neste capítulo, arquético, como o "húmus arcaico" que compõe uma matéria narrativa, ou seja, modelos de pensamento e ação, pré-existentes na alma humana, descobertos e estudados por Jung, como componentes do inconsciente coletivo, ou seja, de estruturas psíquicas quase universais, que se exprimem por meio de uma linguagem simbólica de elevado alcance, unindo o individual ao universal.

Assim, esse "húmus" configura-se na esperança de uma nova humanidade que vai se firmando no espaço modificado, ressignificado não pela ação do homem, mas pelo tipo de relação que ele, agora reduzido, terá que manter com a natureza. Tem-se, então, uma situação em que o ambiente assume, por vezes, o papel de antagonista perante o desempenho dos personagens, principalmente no que diz respeito à Emília. Uma vez reduzidas a centímetros, as personagens lobatianas participam de uma aventura que permite vislumbrar outra história da humanidade, mas que, ao fim, será revertida, quando os "conservadores" da casa de Dona Benta votam, num plebiscito, pelo retorno ao tamanho regular, habitual. A experiência era por demais impactante e revolucionária para ser aceita, assim, na visão de Emília, pelos adultos "tamanhudos" de outrora. Pelo neologismo irreverente, percebe-se a audácia dessa inteligente e divertida protagonista que não teme as mudanças provocadas pelo tamanho minúsculo em que se encontra a humanidade, chegando mesmo a almejá-las, por se sentir desafiada.

O tempo histórico apresentado em *A chave do tamanho* faz também com que questões políticas apareçam justamente na figura de Emília com seus discursos ameaçadores aos líderes mundiais e com a realização do plebiscito. E, no tratamento da tecnologia, o narrador e as personagens deixam evidente uma postura pessimista diante do mundo moderno – "Eu sempre achei graça na 'prosa' dos homens com as invenções lá deles. Que são as invenções dos homens perto dos milhões de inventos destes bichinhos?" (LOBATO, 2016, p. 56) – o pensamento de Emília deprecia a "arrogância" dos seres humanos que se acreditam detentores do saber e ironiza a ambiguidade do que se convencionou chamar "progresso". Desse modo, pela relativização de conceitos cristalizados, Lobato configura sua anti-heroína como "chave" que fomenta a reflexão no pequeno leitor visado. Justifica-se, então, que sua obra seja emancipatório, pois convoca durante toda trama à reflexão.

Como se pode notar, há certo grau de complexidade da narrativa ou mesmo pontos de densidade temática que chamam o leitor para questões que, hoje, podem ser contempladas com nomes como "sustentabilidade", "cidadania", "agendas globais", entre outros temas postos a serviço de uma transversalidade que, em Lobato, traduz-se como experiência literária convidativa ao leitor infantil. Obras como a desse escritor revelam sua universalidade e atualidade, justamente, no tratamento temático e nas performances das personagens, incluindo o narrador.

Paratextos em pauta

Em uma carta remetida por uma leitora criança[1], de 24 de abril de 1946, vê-se que a edição de *A chave do tamanho* confirma a expectativa crítica sobre a obra do escritor a respeito da

---

[1] CEDAE – Unicamp: caixa 1, pasta 3, carta 44. Local e nome da autora são omitidos em respeito à privacidade da correspondência.

recepção do texto. No trecho a seguir, percebe-se como a relatividade trabalhada pelo escritor em níveis diferentes da narrativa é compreendida pela leitora, que não ratifica o comportamento de Emília ao longo da história:

> Impressões da Chave
> Caro Monteiro:
>
> Fiquei encantada com a leitura do seu livro, "A chave do Tamanho". Até cheguei a pensar que eu tivesse diminuido.
> O que achei mais interessante, foi a igualdade em que ás pessoas reduzidas, vivem; de fato o unico causador de tantos transtornos em nossa vida e o tamanho. Cheguei mesmo a crer que existissem tais chaves e se não fosse minha mãe explicar-me de que isso é uma fantasia recreativa, alias muito instrutiva, eu estava disposta a ir em procura da mesma. Tive muita pena de D. Benta, pois é uma avó tão boa e admirável, revoltei-me mesmo com a Emília e segui as idéias de Narizinho, que logo desconfiou ser arite dela a redução do tamanho para a exterminação de tão horrivel guerra, que tantos transtornos vem causando a humanidade. Apreciei imenso o vôo nos besouros, mas fiquei com muito mêdo da Manchinha, da Aranha Carangueijeira e dos Marques de Rabicó em terem devorado os pais de Candoca e Juquinha e da mulher do Coronel Teodorico, mas analisando o caso, conclui que D. Benta, tia Anastacia, o Burro Falante, a Mocha e o Cel. Teodorico votassem para que o tamanho ganhasse, pois quantas crianças devem ter ficado orfãos, eu que não tenho pai, sei que é triste a luta pela vida, juntamente com mamãe. [...] (sic).

Quando analisadas à luz da biografia e da história do mercado editorial, as correspondências mantidas pelo escritor com seu público revelam concepções de público e de leitura apropriadas pela crítica e também pelo mercado editorial ao longo do tempo.

Nesse sentido, o primeiro paratexto que merece atenção na edição de 2016 é a "Apresentação" escrita por Pedro Bandeira, na qual podemos vislumbrar um posicionamento pró-Lobato, indicando ao leitor de hoje uma "chave de leitura" para a obra.

De forma criativa, Bandeira dialoga com o leitor, introduzindo, sem maiores rodeios, o mote da narrativa: "Sabe qual era o meu principal problema quando eu era pequeno?/Era que eu era pequeno." (BANDEIRA. In: LOBATO, 2016, p. 7). Bandeira valoriza o mundo da leitura, o que não poderia ser diferente para um autor que convida à leitura de outro autor, este, uma de suas fontes confessas de formação e inspiração:

> Foi daí que eu aprendi a ler. Aprendi a ler e reler e treler as histórias da Emília e de todo o mundinho maluco do Sítio do Picapau Amarelo. E foi aí que eu li *A chave do tamanho*! Ra, Ra! Foi aí que eu entendi que isso de tamanho não é documento! Que tudo é re-la-ti-vo! (LOBATO, 2016, p. 7-8)

O discurso de Bandeira não introduz o leitor somente no universo da miniaturização, ele também pavimenta um caminho pelo qual a criança ou mesmo o leitor adulto interessado em ler para a criança poderá trilhar na busca de compreensão dos "porquês" da obra. Um dos temas centrais, em camada mais profunda, é justamente a relatividade do mundo natural e, consequentemente, dos valores do mundo social. Ao longo da história de *A chave do tamanho*, isso tem sido ratificado pelos discursos da crítica, os quais encontram no próprio escritor – ao menos por meio do trabalho de Edgar Cavalheiro – a proposição inicial a respeito da relatividade:

> [...] Por saudosismo preferia, entre todos os livros, as "Reinações do Narizinho". Mas dava imenso apreço "A Chave do Tamanho", história da maior reinação do

> mundo, na qual Emilia, sem querer, destruiu temporariamente o tamanho das criaturas humanas. Neste volume, mais do que simples história para divertir a criançada, o autor procura demonstrar, de maneira pitoresca, o princípio da relatividade das coisas. Lobato o escreveu aos 60 anos de idade, numa época de grandes amarguras. Acabara de sair da cadeia, o filho agonizava, a situação do Brasil e do mundo democrático ia de mal a pior. O livrinho, embora sendo todo um compêndio de úteis ensinamentos, não oculta, porém, amargo pessimismo com relação ao futuro. Mas é nele que se refugia numa grande e divertida aventura, que julga a última. (CAVALHEIRO, 1955, p. 597)

Bandeira, assim, explica um dos temas considerados centrais na obra:

> Eu explico: um elefante, por exemplo, é grandão, não é? Mas se você voar láááá em cima de avião e olhar pra baixo, o elefante vai ficar menor que formiga. E se uma formiga voar de avião e olhar pra baixo? Vai ver tudo pequenininho? Acho que não, porque formiga não voa de avião. Entendeu? Isso de relativo quer dizer que toda coisa depende. Depende de quê? Depende da distância, depende de quem vê e depende do tamanho da régua que mede o tamanho, por exemplo. Se você pegar a sua régua da escola, vai ver que ela mede 30 centímetros. E se um centímetro for do tamanho de um metro? Daí, a sua régua ia ter 30 metros e podia medir comprimento até de dinossauro! O único problema ia ser encontrar um dinossauro pra medir. (LOBATO, 2016, p. 8)

Na clave da fantasia e do *nonsense*, Bandeira vai convidando o leitor a adentrar o universo da obra lobatiana. Defende, assim, a perspectiva paradoxal de "despensar" que aprendeu com Emília: "[...] porque tem boboca que só sabe pensar feito gente grande e não lembra mais como ele *despensava* quando era pequeno." (LOBATO, 2016, p. 9 – grifo do autor).

Encerrando o volume, por sua vez, o leitor encontra uma minibiografia – "Sobre o nosso autor" – elaborada por outra escritora e estudiosa do tema, Laura Sandroni. Evitando o confronto com temáticas atuais, ela frisa a atuação social mais ampla do escritor, que teria tido também uma vida "atribulada". Suas ações são pontuadas pela escritora de modo a destacar uma vida em constante movimento, o que, por sua vez, revela-se como decorrente de seus ideais. Pela voz dela, o leitor é informado sobre a vida agitada do escritor, mas também sobre seu papel como "pai" da literatura infantil brasileira. Lobato ainda é posto como autor atual ao final do primeiro parágrafo, pois suas obras "encantaram e encantam" os leitores:

> Leitores, se vocês pensam que a vida do Monteiro Lobato foi tranquila, no aconchego do seu escritório escrevendo as aventuras que se passaram no Sítio do Picapau Amarelo, estão redondamente enganados. A vida do pai da literatura infantil no Brasil foi tão atribulada que parece inacreditável que ele ainda tivesse tempo para inventar *Reinações de Narizinho*, *Viagem ao céu*, *Caçadas de Pedrinho*, *O Saci* e tantos outros livros que encantaram e encantam gerações. (LOBATO, 2016, p. 263)

Ao longo do texto, Sandroni pinça fatos que contribuem para humanizar o autor diante do público de hoje, sem deixar de registrar sua intensa atuação junto ao sistema literário brasileiro, como se nota na referência aos artigos "Velha praga" e "Urupês". Erigindo, como se nota, um perfil de escritor para os leitores de hoje, a pesquisadora lobatiana busca desmistificar a pecha de "antimodernista" atribuída a Lobato, quando lembra a polêmica em torno do artigo "Paranoia ou mistificação", em que o escritor fizera severa crítica à exposição da pintora Anita Malfatti, em

1917: "Na verdade, Lobato já era um modernista ao priorizar a cultura popular e na sua busca por uma linguagem brasileira, coloquial nos seus textos, mas não se entendeu com os modernistas da época" (LOBATO, 2016, p. 267).

Ela enaltece, ainda, o papel editorial de Lobato, afirmando que ele publicava seus próprios contos e "de jovens autores" (LOBATO, 2016, p. 268) da mesma forma, destaca que o autor retoma o Jeca para se desculpar, em 1918, ao se envolver nas campanhas sanitaristas de Belisário Pena e Artur Neiva. Lobato é também considerado por ela como um "ótimo negociante" pela venda dos 50 mil exemplares de *A menina do narizinho arrebitado* para as escolas paulistas – "O sucesso foi imediato e Lobato, que além de um escritor brilhante era um ótimo negociante, vendeu 50 mil exemplares para serem distribuídos nas escolas." (LOBATO, 2016, p. 268). Em consonância com o tom da minibiografia, ao final, o leitor tem aos seus olhos um perfil lastreado pela ideia de missão, confirmada pelo relato de que, antes de falecer em 1948, Lobato teria compreendido como era popular e amado pelas crianças, "[...] o que encerrava o projeto de toda uma vida." (LOBATO, 2016, p. 270).

Ainda como paratextos, cabe atentarmos para as folhas de guarda. Na primeira, registra-se a ideia de uma "nova ordem" – outro aspecto da obra lobatiana chancelada pela crítica especializada:

> Ao voltar ao sítio, ela encontra um mundo totalmente novo, no qual deve escapar de gatos e pássaros gigantescos, ávidos por devorar as pobres criaturinhas do Sítio. A mudança do tamanho impõe uma nova ordem, põe tudo de cabeça para baixo, e Emília e Visconde decidem salvar a todos desta terrível ameaça. (LOBATO, 2016, s/p)

Se não podemos nos esquecer de que há um capítulo que remete a essa expressão – "A ordem nova" –, o mote encontra respaldo em alguns estudos como a conhecida obra de Zinda Vasconcelos (1982) que, em nota de rodapé, chama a atenção para o significado da "chave":

> Não nos podemos esquecer, também, do significado simbólico que o tamanho pode adquirir em um livro destinado a crianças... Afinal, o livro mostra o mundo tal como seria visto da perspectiva de seres muito menores, como, sem chegar à escala em que a obra imagina isso, é efetivamente o modo como as crianças o vêem... Aliás, no livro, se o tamanho é o adversário, a causa das guerras, são as crianças que representam a adaptação fácil à nova ordem de idéias, à nova sociedade possível... Mais de uma vez, na obra de Lobato, as crianças representam a esperança de um mundo diferente, de uma ordem justa; também em *A reforma da natureza* o mundo da infância é contraposto ao das guerras; e *Peter Pan*, que Lobato praticamente recriou, é um grito de confiança na juventude – como aliás sua obra toda. (VASCONCELOS, 1982, p. 89)

O contraponto à tese da "nova ordem", porém, se dá imediatamente no mesmo parágrafo, quando se afirma que Emília e Visconde decidem salvar a todos "desta terrível ameaça" – qual seria? A ameaça de uma "nova ordem"? Do mundo miniaturizado? Se for, apresenta-se, pois, uma contradição flagrante com a própria narrativa, pois Emília deseja que o novo estado de coisas continue, sendo, ao final, vencida no plebiscito sobre essa questão realizado no Sítio.

Talvez, pelos indícios que temos dos outros paratextos, não seja equivocado alegar que esse tipo de situação seja criado frente a uma tradição, segundo a qual os protagonistas sempre devem ser "heróis" para as crianças. Naturalmente, ao escrever o texto da guarda, o autor pode ter evocado essa ideia que, como se viu, contradiz até mesmo a percepção da leitora criança dos anos 1940.

Finalmente, também, interessa apontar como a opção de perspectiva na composição das imagens vem ao encontro de uma ideia de público contemporâneo, ao reforçar o mote da redução do tamanho da humanidade. De baixo para cima ou de cima para baixo, o foco imagético ratifica o foco narrativo quanto à redução do tamanho.

Entre as páginas 20 e 21, por exemplo, faz-se um foco contra a luz, a partir das costas do pessoal que assiste ao pôr-do-sol, convidando o leitor infantil a se sentar junto deles para começar a história. O ilustrador opta, então, por um jogo de perspectiva bastante pertinente ao texto verbal, ora projetando a imagem de cima para baixo (o quadro de chaves entre as páginas, 28 e 29; as crianças embaixo do automóvel, entre as páginas 104 e 105; a sombra do pássaro projetado sobre as crianças em fuga, na página 110; a cartola do Visconde transformada em nova moradia da Emília, na página 160; o olhar de censura do Visconde sobre Hitler, na página 203; a cesta do Visconde em analogia ao Mayflower, entre as páginas 244-45); ora de baixo para cima (a vaca entre as páginas 40 e 41; a turma do Sítio reduzida em cima da cômoda, na página 144). Também há planos panorâmicos, dando mais movimento à narrativa, como se vê nas páginas 166 (Emília em sua embarcação "Terror do lago") e nas páginas 212-13 (Dr. Barnes em primeiro plano e charqueamento de uma minhoca, ao fundo).

Ao reforçar a temática central da obra, as imagens compactuam das ideias correntes, em termos de crítica e biografia lobatiana, sobre o que e como entender a história, evitando extrapolar os sentidos do texto. Isso explica porque pequenas ilustrações servem de vinheta decorativa aos capítulos, pontuando o texto verbal com elementos da narrativa – pode-se inferir que a força da tradição sobre o "como" ler, interpretar a obra, impõe limitações inconscientes à apropriação mais contemporânea do enredo, o que explica, mesmo nas mãos de um profissional de hoje, a preocupação em ser fiel à narrativa verbal.

A chave de volta a seu lugar

O aparato textual em torno da edição de 2016 obviamente direciona o olhar do leitor como qualquer paratexto. Entretanto, a força desse elemento é potencializada pelo caráter que essa edição tem ao se estabelecer, de modo direto ou indireto, como obra "definitiva" ou "completa", isto é, a eleição deste ou daquele texto como o melhor ou mais fiel ao original (termo que põe em xeque diversas outras questões sobre autoria e edições), mediante um "guia" para a leitura do texto literário.

Se isso contribui para a continuidade da leitura de uma obra de grande valor para a cultura brasileira, no contexto de um país cujas ações para formar e perpetuar leitores ainda merecem avanços consideráveis, não se pode deixar de perceber que a forma como a obra é lida corresponde a determinados protocolos da crítica literária sobre como se deve ler o texto lobatiano, através do tempo. Isso faz com que se observe de forma relativa o perfil do leitor apontado por índices de pesquisas nacionais e internacionais, bem como se considere com cautela aspectos que limitam a interpretação do texto.

No caso do texto lobatiano de *A chave do tamanho*, a perspectiva crítica e biográfica mostram-se muito presentes na edição aqui analisada. Tratando-se de obra de um autor já em domínio público, o cotejo entre edições que virão a ser disponibilizadas no mercado e aquelas legitimadas pela crítica anuncia um campo promissor para se pensar a relação da obra com os agentes que mais preocupam a cadeia produtiva do livro: o leitor. Retomando a epígrafe que abre este capítulo, que venham estudos mais aprofundados sobre as inúmeras estratégias lobatianas que, no âmbito da narrativa, voltam-se à formação do raciocínio crítico e autônomo de seu leitor, enfim, que colocam a "chave" em seu bolso.

Referências

ARROYO, Leonardo. *Literatura infantil brasileira*: ensaio de preliminares para a sua história e suas fontes. São Paulo: Melhoramentos, 1968.

BORELLI, Sílvia Helena Simões. *Ação, suspense, emoção*: literatura e cultura de massa no Brasil. São Paulo: EDUC: Estação Liberdade, 1996.

COELHO, Nelly Novaes. O fenômeno Harry Potter e o nosso tempo em mutação. In: RETENMAIER, Miguel; JACOBY, Sissa (orgs.). *Além da plataforma nove e meia*: pensando o fenômeno Harry Potter. Passo Fundo: UPF, 2005, p. 53-66.

CAVALHEIRO, Edgar. *Monteiro Lobato*: vida e obra. São Paulo: Companhia Distribuidora de Livros, 1955.

CHARTIER, Roger et al. *Práticas de leitura*. Tradução de Cristiane Nascimento. São Paulo: Estação Liberdade, 1996.

____. *A mão do autor e a mente do editor*. Tradução de George Schlesinger. São Paulo: Unesp, 2014.

CORSO, Gizelle Kaminski. *Édipo-rei e Antígone, adaptações da tragédia sofocleana para o leitor juvenil brasileiro Assis*. 115f. Dissertação (Mestrado) – Universidade Estadual Paulista, Faculdade de Ciências e Letras de Assis, 2007.

FARIA, Maria Alice de Oliveira. O mundo em miniatura de A Chave do Tamanho. *Proleitura*. n.1, agosto 1992.

GENETTE, Gerard. *Paratextos Editoriais*. Tradução de Álvaro Faleiros. Cotia: Ateliê, 2009.

LOBATO, Monteiro. *A chave do tamanho*. Ilustrações de Guazzelli. 3. ed. São Paulo: Globinho, 2016.

NUNES, Lygia Bojunga. *A casa da madrinha*. Ilustrações de Regina Yolanda. 18. ed. Rio de Janeiro: Agir, 2002.

VASCONCELOS, Zinda Maria Carvalho de. *O universo ideológico da obra infantil de Monteiro Lobato*. São Paulo: Traço, 1982.

ZILBERMAN, Regina. *Como e por que ler a literatura infantil brasileira*. Rio de Janeiro: Objetiva, 2005.

Autoras e autores

Ana Paula Mathias de Paiva é doutora em Educação e Inclusão Social e mestre em Comunicação Social pela Universidade Federal de Minas Gerais. É autora dos livros *A aventura do livro experimental* (Edusp/ Autêntica, 2010) e *Professor criador: fabricando livros para a sala de aula* (Autêntica Editora, 2015). Foi consultora do MEC de 2010-2018 na área de Educação Infantil (PNBE/PNLD) e Planejamento Editorial (Guias Nacionais) e atualmente é consultora literária no ramo infantojuvenil.

Cleide Aparecida Fernandes é bibliotecária, graduada pela Universidade Federal de Minas Gerais e diplomada em Gestão de Bibliotecas Públicas pela Universidad Alberto Hurtado, no Chile. Desde 2006 trabalha na Superintendência de Bibliotecas Públicas e Suplemento Literário de Minas Gerais, instituição na qual tem desenvolvido projetos de incentivo à leitura, formação de leitores e políticas públicas para bibliotecas.

Eliane Aparecida Galvão Ribeiro Ferreira é doutora em Literatura pela Universidade Estadual Paulista Júlio de Mesquita Filho – UNESP de Assis - SP, onde atua como professora assistente na graduação e pós-graduação. É membro dos Grupos de Pesquisa: Leitura e Literatura na Escola (UNESP - Assis - SP); Literatura Infantil e Juvenil: análise literária e formação do leitor (UTFPR - Curitiba - PR); RELER - Grupo Interinstitucional de Pesquisa em Leitura (PUC – Rio). Desenvolve estudos sobre leitura, literatura e crítica, literatura infantil e juvenil e formação de leitor.

Fabíola Ribeiro Farias é graduada em Letras, mestre e doutora em Ciência da Informação pela Universidade Federal de Minas Gerais. Foi coordenadora da rede de bibliotecas públicas e dos projetos para a promoção da leitura da Fundação Municipal de Cultura de Belo Horizonte. Atualmente, realiza estágio de pós-doutorado no Programa de Pós-Graduação em Educação da Universidade Federal do Oeste do Pará - Ufopa.

Guilherme Trielli Ribeiro é graduado em Letras pela Universidade Federal de Minas Gerais (UFMG) e tem doutorado em Estudos Literários pela Brown University, EUA. Atua na área de formação de professores, com ênfase em Didática da Literatura e Estudos Interartes. É professor do Departamento de Técnicas e Métodos de Ensino da Faculdade de Educação da UFMG. Coordena o grupo de pesquisa Aletria e Hermenêutica: a experiência do texto poético em tempos digitais e o Grupo de Pesquisa do Letramento Literário (GPELL)/Ceale.

Hércules Tolêdo Corrêa é doutor em Educação, mestre em Letras: Estudos Linguísticos e graduado em Letras pela Universidade Federal de Minas Gerais. É professor associado da Universidade Federal de Ouro Preto e líder do grupo de pesquisa MULTDIC - Multiletramentos e usos das tecnologias digitais da informação e comunicação na Educação. Tem livros e artigos publicados sobre as temáticas: literatura para crianças e jovens, letramento literário, multiletramentos.

Isabel Lopes Coelho é doutora em Teoria Literária e Literatura Comparada e mestre em Língua e Literatura Francesa pela Universidade de São Paulo. Foi diretora do Núcleo Infantojuvenil da Editora Cosac Naify, onde trabalhou por doze anos. Recebeu, em 2013, o prêmio BOP de melhor editora do ano na Feira do Livro Infantil de Bolonha, e foi finalista, no ano seguinte, do prêmio na Feira do Livro de Londres. Atualmente é gerente da área de Projetos Especiais e Literatura da editora FTD Educação e ministra cursos sobre história e edição em literatura infantil e juvenil.

Jackeline Lima Farbiarz é doutora em Educação pela USP e diretora do Departamento de Artes & Design da PUC-Rio, onde é também Professora Adjunta e Pesquisadora do Programa de Pós-graduação em Design. Criou e coordena o Laboratório Linguagem, Interação e Construção de Sentidos - LINC Design/ PUC-Rio. Desenvolve pesquisas e projetos com foco no Design a serviço da Educação.

Jéssica M. Andrade Tolentino é bacharel em Letras - Tecnologias da Edição e mestranda em Estudos de Linguagens pelo CEFET-MG. Pesquisadora das áreas de edição e literatura infantil, vinculada ao grupo de pesquisa em Leitura Literária, Edição, Mediação e Ensino (LLEME/ CEFET-MG). Trabalha como editora assistente na Aletria Editora.

João Luís Cardoso Tápias Ceccantini é doutor em Letras pela Universidade Estadual Paulista Júlio de Mesquita Filho – UNESP de Assis – SP, instituição onde trabalha, como professor assistente, desde 1988. É coordenador do Grupo de Pesquisa "Leitura e Literatura na Escola", que congrega professores de diversas Universidades do país. Atua junto à disciplina de Literatura Brasileira, desenvolvendo pesquisa principalmente nos seguintes temas: literatura infantil e juvenil, leitura, formação de leitores, literatura e ensino, Monteiro Lobato e literatura brasileira contemporânea de um modo geral.

Maíra Lacerda é doutora em Design pela PUC-Rio e bolsista de pós-doutorado júnior pelo CNPq. Supervisiona o eixo temático Design da informação: sistemas e objetos de informação e comunicação com foco no design editorial do LINC Design/ PUC-Rio. É formadora em cursos relacionados à leitura vinculados ao Leitores Sem Fronteiras e à Fundação Nacional do Livro Infantil e Juvenil.

Maria Elisa de Araújo Grossi é doutora em Educação pela Universidade Federal de Minas Gerais, professora alfabetizadora do Centro Pedagógico da UFMG, pesquisadora do Grupo de Pesquisa em Letramento Literário (GPELL/Ceale/Fae/UFMG) e subcoordenadora do Projeto Mala de Leitura da UFMG.

Maria Zélia Versiani Machado é mestre em Estudos Literários e doutora em Educação pela Universidade Federal de Minas Gerais. É professora do Programa de Pós-graduação *Conhecimento e inclusão social*, da Faculdade de Educação da UFMG. É pesquisadora do Ceale – Centro de Alfabetização, Leitura e Escrita, da FaE/UFMG –, integrante do Grupo de Pesquisa do Letramento Literário (GPELL). Desenvolve pesquisas sobre leitura e produção de textos, formação de leitores e ensino de literatura.

Marília Scaff Rocha Ribeiro é professora e pesquisadora do Departamento de Linguagem e Tecnologia (DELTEC) e do Curso de Graduação em Letras - Tecnologias da Edição do CEFET-MG. É licenciada em Letras pela Universidade Federal de Minas Gerais e doutora em Estudos Literários pela Brown University (EUA). Publicou o livro *Geografias íntimas: espaço e experiência na ficção brasileira contemporânea* pela Editora Unimontes em 2017.

Marta Passos Pinheiro é mestre em Literatura Brasileira pela Universidade do Estado do Rio de Janeiro e doutora em Educação pela Universidade Federal de Minas Gerais. É professora do Centro Federal de Educação Tecnológica de Belo Horizonte, atuando no ensino médio, na graduação em Letras e na pós-graduação em Estudos de Linguagens. Desenvolve pesquisas sobre formação de leitor de literatura e design de livros para crianças e jovens. Coordena o grupo de pesquisa Leitura Literária, Edição, Mediação e Ensino (LLEME/CEFET-MG).

Odilon Moraes é escritor e ilustrador, com muitos livros premiados. Dentre os prêmios, destacam-se o Ofélia Fontes – O Melhor Livro para Crianças (Fundação Nacional do Livro Infantil e Juvenil), o Jabuti (Câmara Brasileira do Livro) e o Adolfo Aizen (União Brasileira de Escritores). É graduado em Arquitetura pela Universidade de São Paulo e mestre em Artes Visuais pela UNICAMP.

Renata Junqueira de Souza é doutora e mestre em Teoria da Literatura, graduada em Letras pela Unesp de São José do Rio Preto. É professora livre docente da Faculdade de Ciências e Tecnologia da UNESP de Presidente Prudente onde também é coordenadora do CELLIJ - Centro de Estudos em Leitura e Literatura Infantil e Juvenil. Tem vários livros publicados sobre bibliotecas escolares, letramento literário e estratégias de compreensão leitora sempre destacando o uso de textos literários no contexto escolar.

Thiago Alves Valente é doutor em Letras pela Universidade Estadual Paulista Júlio de Mesquita Filho – UNESP de Assis – SP. É professor da Universidade Estadual do Norte do Paraná (UENP), Campus Cornélio Procópio (CCP), Centro de Letras, Comunicação e Artes (CLCA). É integrante do grupo de pesquisa Crítica e Recepção Literária (CRELIT) e desenvolve estudos sobre Monteiro Lobato, literatura e ensino e literatura infantil e juvenil.

Vera Teixeira de Aguiar é doutora em Letras (Teoria da Literatura) e Professora Titular aposentada da PUC-RS, onde lecionou, nos níveis de Graduação, Especialização, Mestrado e Doutorado, as disciplinas de Leitura de Autores Brasileiros, Sociologia da Leitura, Literatura Infantil e Construções Simbólicas, Literatura Juvenil, Arte e Sistema Cultural e Literatura e Ensino. Desenvolve pesquisas nessas áreas, salientando o lugar da literatura na vida social e sua interação com outras linguagens. Possui vários livros publicados e é Pesquisadora do CNPq.

Este livro livro foi composto em tipologia Adobe Garamond
e impresso em papel Pólen Soft,
em maio de 2019.